# 汉语介词叠加的
# 生成机制研究

孙文统　著

On the Generative Mechanism of
Preposition Superposition in Chinese

社会科学文献出版社
SOCIAL SCIENCES ACADEMIC PRESS (CHINA)

# 序

  汉语介词叠加在形式上通常表现为两个同义或近义单音介词的紧邻并立。这类介词形式中的两个单音介词在结构上互为并列关系，在历时的发展过程中逐渐凝固成词。与西方语言中的介词连用相比，汉语介词叠加在结构表征、语义特征、生成机制和形成动因方面表现出汉语自身独有的特征。当前学界关于汉语介词叠加方面的研究仍然不够系统，在汉语介词叠加的结构范围、理论地位和形成过程等方面尚未达成统一的看法。本书以汉语介词叠加为研究对象，在形式句法学的理论框架下，对汉语介词叠加的结构范围进行了界定，并对汉语介词叠加的结构表征、生成机制、形成动因以及与汉语介词叠加相关的语言现象进行了研究。总体来看，本书深化了汉语介词叠加的研究，并在研究方法方面进行了创新。本书的学术价值体现在以下几个方面。

  第一，本书将介词叠加视为一种句法过程，并将汉语介词叠加定义为一种将两个语义相同或相近的单音节介词紧邻并置的句法过程。在此基础上，本书将汉语介词叠加与低接受度的介词叠加、跨越结构层级的介词紧邻共现、双音动介组合及西方语言中的介词连用现象进行了区分，明确了汉语介词叠加的句法地位和结构范围，并构建出汉语介词叠加系统。

第二，本书在多重支配句法的理论框架下对汉语介词叠加的结构表征和生成机制进行了描写与解释。在传统的研究框架中，汉语介词叠加被视为一种词汇过程，相关研究主要从历时的视角为汉语介词叠加的历时变化进行描写，较少关注该类介词形式的内部构造与生成过程。本书将汉语介词叠加视为多重支配性结构，为汉语介词叠加的结构形式提供了形式化的表征，并通过心理浮现和平行合并为汉语介词叠加的生成机制提供了解释。此外，本书还通过结构协调、语用强调、语义强化和韵律平衡揭示了汉语介词叠加的生成动因。

第三，本书为与汉语介词叠加相关的结构形式进行了描写与解释，涉及汉语中接受度较低的介词叠加形式、跨越结构层级的介词紧邻共现、由动介组合凝固而成的双音节介词、西方语言中的介词连用等。本书将这些语言结构与汉语介词叠加进行了区分，并为其生成机制和形成原因进行了解释，从而进一步深化了关于汉语介词叠加的认识。

当然，本书的研究仍然存在着一些提升空间，有待在将来的研究中不断完善。比如关于汉语介词叠加的语料应当继续充实，以便不断完善汉语介词叠加系统。此外，关于汉语介词叠加形式的生成动因仍需进一步探索。

作为汉语中一种较为特殊的结构形式，汉语介词叠加与介词悬空、介词并入、介词框架、介词脱落等现象共同构成了汉语介词的特殊结构形式。这些结构形式涉及句法、语义、语用和韵律等多语法层面的互动，体现出强烈的接口特征。对这些介词现象进行研究，有利于深化关于汉语介词语法功能的理解，进一步推动汉语语法研究的发展。

　　是为序。

于山东大学

2023 年 10 月 15 日

# 目　录

# 绪　论

## 1. 研究对象

介词叠加（Preposition Superposition）是一种较为特殊的介词形式，在现代汉语和古代汉语中均有用例。在现代汉语中，介词叠加表现为两个意义相近的单音节介词紧邻共现，共同介引同一句法成分。比如：

（1）自从他当选了农会副主任以后，小王搬回学校里。（《暴风骤雨》周立波）

（2）二里半手中的刀，举得比头还高，他朝向栏杆走去。（《生死场》萧红）

（3）可是没办法，连叫也不会叫了，任凭人家摆弄，它只鼓起肚皮。（《牛天赐传》老舍）

（4）因为这一个国家，他的潜力的可能性还没有被发现，却缺乏解放这些潜力的人。（《吾国与吾民》林语堂）

在例（1）中，表示时间的单音节介词"自"和"从"形成双音节介词叠加形式"自从"；在例（2）中，表示方向的单音节介词"朝"和"向"形成双音节叠加形式"朝向"；在例（3）中，表方式的单音节介词"任"和"凭"形成双音节叠加形式"任凭"；在例（4）中，表原因的单音节介词"因"和"为"形成双音节叠加形式"因为"。在双音节介词"自从""朝向""任凭""因为"中，单音节介词"自""从""朝""向""任""凭""因""为"仍然保持着自身的句法独立性，能够独立介引句法成分。在古代汉语中，介词叠加大多也是双音节的，偶见三音节的介词叠加形式，比如：

（5）逮及商周，文胜其质，《雅》《颂》所被，英华日新。（《文心雕龙》刘勰）

（6）想昔日汉祖兴隆，扫荡群雄，肃清海内，投至到今日，非同容易也呵！（《全元曲》）

在例（5）中，介词"逮及"表示时间的终到含义，由单音节介词"逮"和"及"叠加而成。单音节介词"逮"和"及"在古汉语中可独立介引表示时间的句法成分，比如：

（7）逮夜，至于齐，国人知之。（《左传·哀公六年》）

（8）及庄公立，姜氏为请京，使居之。（《后汉书》范晔）

在例（6）中，介词"投至到"同样表示时间的终到含义，由单音节介词"投"、"至"和"到"叠加而成。"投"、"至"和"到"在古汉语中可以独立介引表示时间的句法成分，比如：

（9） 孚自著平上愤，将三骑，投暮直邸邺下。（《武经总
　　 要》曾公亮、丁度）

（10） 忽若去不信兮，至今九年而不复。（《楚辞·九章》
　　 屈原）

（11） 到今又却不得，亦可自见得失不可必如此。（《朱
　　 子语类》）

除了叠加为三音节介词"投至到"之外，"投"、"至"和"到"
在古汉语中还可以叠加为表示时间终到含义的双音节介词"投
至"和"投到"，在元曲中时有出现，比如：

（12） 想昔日秦失其鹿，豪杰并起，汉祖三载亡秦，五
　　 年灭楚，投至今日非同容易也。（《全元曲》）

（13） 投到安伏下两个小的，收拾了家私，四更出门，
　　 急急走来，早五更过了也。（《全元曲》）

从例（1）~（13）可以看出，汉语中某些具有相近意义的单
音节介词可以通过叠加的方式形成双音节介词，为句子中的谓语
动词介引间接论元，单音节介词和双音节介词叠加形式具有相同
的语法功能。比如表示起始意义的单音节介词"自""从""打"
可以通过叠加的方式生成"自从""打从""自打""从自""从
打""打自"等双音节介词形式（张谊生 2016）。需要注意的是，
并不是所有意义相近的单音节介词都可以通过叠加而形成双音节
介词，比如表处置意义的单音节介词"把""将""以"等无法
相互叠加，因为汉语中不存在"＊把将""＊把以""＊将以"

"＊将把""＊以把""＊以将"等表示处置含义的双音节介词。此外，某些双音节介词叠加形式较为单一，比如表示时间临近点的介词"临""到""至"仅有"临到"和"临至"这两种叠加形式，不存在"＊到临"和"＊至临"等叠加形式。

作为汉语中一种常见的介词形式，介词叠加并未引起学界的足够重视。就目前来看，除了张谊生（2012，2013，2016，2019）对于相关现象所做出的中观性研究之外，关于汉语介词叠加的专题性研究较少，一些学者只是在研究叠加现象和虚词双音化的时候偶然涉及介词叠加（刘丹青2001；陈宏2008a，2008b；钱玄1982；李德鹏2011；王姝和王光全2014），相关研究的范围和深度均有待进一步深化。有鉴于此，本书试图在形式句法学的理论框架下对汉语介词叠加现象展开系统的研究，在明确汉语介词叠加的结构范围和句法属性的基础上，深入探索其句法语义特征，采用形式化的手段揭示该类介词形式的结构形式和生成机制，并为其形成动因提供解释。

**2. 研究现状**

（1）汉语学界关于汉语介词叠加的研究

总体来讲，语法学界关于汉语介词叠加的研究还不够系统深入，专题性研究较少，目前仅见张谊生（2012，2013，2016，2019）、张宝（2016）、刘耘（2018）、金铉哲和刘耘（2018）等少数针对汉语介词叠加进行探讨的学术论文，尚未见到专题性的研究专著。在关于汉语介词叠加的零星研究中，多数学者的关注点并非汉语介词叠加本身，而是将介词叠加作为叠加并列现象和介词双音化的例证加以简单的枚举。比如刘丹青（2001）、钱玄（1982）、王姝和王光全（2014）在讨论叠加现象时偶然涉及汉语介词叠加，陈宏（2008a，2008b）则在研究汉语同义并列复合词的时候提到了"按照""从打""依凭"等介词叠加形式。李德鹏（2011），崔云忠和何洪峰（2022），韩丽国（2018），王用源和叶倩倩（2017），张成进（2013）等在研究汉语双音节介词的词汇化过程中涉及了介词叠加形式的探讨。一些双音节介词的个案研究也涉及了汉语介词叠加形式，比如孔畅（2019a，2019b）对依据类双音节介词"依据""依照""遵照""按照"的词汇化和语法化进行了研究，并对其进行了句法、语义和语用方面的对比。顾洁（2016）则对"依据""依照""按照"等双音节介词的源流进行了考察。张政（2014）针对"等到"义双音节介词的历时演变与更替进行了研究，涉及"比及""比至""及至"等介词叠加形式。何洪峰（2013）对近代汉语中的依凭类介词的发展进行了研究，涉及"比依""比同""比附""照依""任凭""任从"等6个介词叠加形式。张成进（2016）则专门考察了双音节介词"依据"的词汇化和语法化问题。但这些研究关注点不在介词叠加本身，也没有使用"介词叠加"这一术语。

在关于汉语介词叠加的专题性研究论文中，学者们倾向于针对汉语介词叠加的某一方面进行研究，并在研究中明确使用"介词叠加"这一术语。张宝（2016）以"在于""诸于""于焉"为例考察了介词叠加的历时状况，指出汉语介词叠加从古汉语就已经开始，并随着语法化的进程逐渐演变。刘耘（2018）考察了"自从""自打""打从""从打""由打"等介词叠加形式的内部语序，指出介词叠加的内部语序受词汇化、词性、语义和节奏等因素的影响。金铉哲和刘耘（2018）对"自""从""打""由"等单音节介词并列叠加而成的双音节介词的语义形成机制进行了探索。相比之下，张谊生（2012，2013，2019）的系列论文则针对汉语介词叠加现象进行了较为全面的研究，涉及汉语介词叠加的方式、类别、作用和后果。在张谊生（2013，2016）的分类模型中，汉语介词叠加表现为六种类型：并列式，比如"朝向""因为由于"等；附加式，比如"介乎于""打从自"等；融合式，比如"求诸于""见诸于"等；归并式，比如"依遵照""遵按照"等；嵌套式，比如"自打从自""因为由于因为"等；累积式，比如"介乎于在""加诸在于"等（张谊生2013：16）。张谊生（2013，2016）指出，介词叠加的主要作用在于语用强化协调结构和区别语义，其后果表现为叠加形式的多样化、并列叠加的词汇化趋势和叠加的附缀化性质。

（2）国外语法学界对介词连用的研究

英语、西班牙语等西方语言中存在着一种与汉语介词叠加类似的介词结构，在形式上表现为两个介词的紧邻连用，语义上是两个介词的语义叠加，比如英语中存在少量的介词连用结构：

（14）a. from under the desk　　　从桌子下面

　　　b. from behind the door　　　从门后面

　　　c. from within the house　　　从房子里面

　　　d. from between the trees　　　从树中间

　　　e. from inside the company　　从公司内部

在例（14）中，方所介词 from 和表示方位的 under、behind、within 和 between 等介词连用，构成 from under、from behind、from within、from between、from inside 等介词连用形式，有的学者将其

称为重叠介词（double preposition）（倪培良 1994）。英语中的介词连用通常用来表达方所和时间概念，除了例（14）中所表示方所概念的介词连用之外，表达方所概念的介词连用还有 from above 从……上面、from among 从……之中、from beneath 从……下面、from outside 从……外面、in between 在……之间等，表达时间概念的有 from before 从……以前、until past 直到……过后、until after 直到……之后等。

国外形式学派将英语中的介词连用视为一种句法现象，并根据介词的语义特征将诸如 from behind 等介词连用形式分析为一种套嵌性投射（Jackendoff 1983；Svenonius 2006，2010），比如 from behind the door 被分析为以下结构投射：

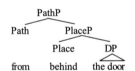

**图 0-1 "from behind the door" 结构模式**

根据语义特征，介词 from 被分析为一种表示动态含义的路径类投射 PathP，而介词 behind 被分析为一种静态含义的方位类投射 PlaceP。在结构上，PathP 管辖 PlaceP，二者共同介引同一个名词性成分，在线性序列上表现为 PathP-PlaceP-DP。

西班牙语中也存在类似的介词连用现象，请看以下例句：

（15）En cuanto se le quede la capaza vacía, lo tienes aquí a por comida.

As soon as him remain the basket empty him you have here to for food.

As soon as his basket's empty, you have him here getting food. (Gómez-Ortín 2005)

(16) Paseaban por entre los álamos.

Strolled：3p through between the poplars.

They would take a stroll among the poplars. (de Bosque 1997)

(17) Dame los libros de sobre la mesa.

Give me the books from on top of the table.

Give me the books from on top of the table. (de Bruyne 1999)

在例（15）~（17）中，a por 相当于英语中的 to for, por entre 相当于英语中的 through between, de sobre 相当于英语中的 from on top of。它们均属于介词连用形式，Real Academia Española （2009）将其称为"介词序列"（prepositional sequence）。Yamada （2015）对西班牙语中的介词连用形式 a por 进行了研究，指出介词 a 和 por 拥有相似的语义概念，二者之间在结构上不存在支配与被支配的关系，并且 a 和 por 中间不能插入其他成分。因此，介词连用形式如 a por 和 por entre 不能被分析为以下结构形式：

(18) [$_{PP}$ a [$_{PP}$ por comida]]

(19) [$_{PP}$ por [$_{PP}$ entre los álamos]]

也就是说，介词连用形式 a por 和 por entre 在结构上是一个整体，与其后的论元存在单一的介宾关系。Yamada （2015）认为西班牙语中的介词连用与连动结构（serial verb construction）之间存在诸多相似之处，并将介词连用分析为"连介结构"（serial prepositional construction）。

（3）当前研究总结

通过对汉语介词叠加的研究现状进行简要的梳理，我们可以发现以下几点。第一，语法学界对汉语介词叠加尚未给予足够的重视，相关研究较为零散，多数研究只是将介词叠加作为并列叠加现象的例证加以枚举，缺乏具有针对性的研究，比如刘丹青（2001）、钱玄（1982）、王姝和王光全（2014）、陈宏（2008a，2008b）等。第二，多数学者将介词叠加作为介词双音化的一类进行考量，主要从历时的角度研究某一类双音节介词（比如依据类，"等到"义等）的词汇化和语法化问题，其关注点不在介词叠加本身，在研究中也未使用"介词叠加"这一术语，比如李德鹏（2011）、崔云忠和何洪峰（2022）、韩丽国（2018）、王用源和叶倩倩（2017）、张成进（2013）、孔畅（2019a，2019b）、顾洁（2016）、张政（2014）、何洪峰（2013）、张成进（2016）等。第三，在专门针对汉语介词叠加进行研究的论文中，学者们倾向于研究介词叠加的某一方面，比如介词叠加的历时变化，内部语序和语义形成过程等，尚未涉及汉语介词叠加的生成机制和形成动因。这种情况以张宝（2016）、刘耘（2018）、金铉哲和刘耘（2018）等为代表。第四，关于汉语介词叠加的中观性研究，主要以张谊生（2012，2013，2016，2019）的系列研究论文为代表。尽管张谊生（2013，2016）对汉语介词叠加进行了较为系统的分类，并对介词叠加的语法作用和后果进行了阐释，但其语料选用的科学性有待商榷。在张谊生的研究框架中，"朝向""介乎于""尊按照""因为由于""由于因为由于"等均属于汉语介词叠加。"朝向"作为双音节介词叠加，为人们广为接受。"介乎于"也具有较高的接受度。但叠加形式"尊按照"的接受度较低，而"因为由于""由于因为由于"等介词叠加形式基本不为人们所接受。与介词叠加相比，这些语言形式更类似于人们在语言表述过程中的口误（slip of tongue）。这些接受度较低的语料的选用在一定程度上削弱了理论研究的解释力。第五，关于汉语介词叠加的句法归属、内部结构、生成机制以及单音节介词叠加为双音节介词的条件限制等问题，当前的研究还没有涉及。

虽然西方语法学界对英语和西班牙语中的介词连用现象给予了关注，并对其句法结构和语义特点进行了一定的研究，对汉语介词叠加的研究提供了一定的借鉴意义。但介词连用现象的普遍性不高，涉及的语种较少，语料不够充分，相关研究的系统性需要进一步加强。虽然 Jackendoff（1983）、Svenonius（2006，2010）等对英语介词连用的语义特征进行了分析，并采用形式化的手段对其结构进行了清晰的表征，但其研究尚未涉及英语介词连用的形成机制和动因。Gómez-Ortín（2005）、de Bosque（1997）、de Bruyne（1999）、Yamada（2015）等对西班牙语中的介词连用仍然停留在语料收集和结构定性的阶段，没有使用形式化的手段去刻画介词连用的内部结构，也尚未触及该类介词结构的生成机制和形成动因。此外，虽然英语和西班牙语中的介词连用和汉语中的介词叠加在形式和功能上存在着一些相似之处，汉语介词叠加在内部成分的结构关系、生成机制、形成动因和韵律特征等方面与介词连用存在着显著的差异，关于英语和西班牙语介词连用的分析方案不能直接为汉语介词叠加研究所借鉴。因此，需要立足汉语事实，兼具历时发展视角，在全面分析汉语介词叠加的句法结构及语义特征的基础上，对汉语介词叠加的生成机制和形成动因展开研究。

有鉴于此，本书旨在对汉语中的介词叠加现象进行系统的研究，在对汉语介词叠加进行界定的基础上，明确汉语介词叠加的结构范围和句法属性，探索其句法语义特征，在形式句法学的理论框架下，清晰地描摹其内部构造，揭示其生成机制，并对其形成动因提供解释。

### 3. 研究方法

本书在形式句法学的理论框架下对汉语介词叠加现象展开研究，对汉语介词叠加的句法属性、结构范围、内部构造和语义特征进行研究，并为该类介词形式的生成机制和形成动因提供解释。为达到语言研究中的描写充分性和解释充分性，本书在研究过程中采用多种研究方法相结合的手段，着力为汉语介词叠加现象提供全面系统的描写与解释，具体表现在以下几个方面。

第一，在充分描写语言现象的基础上为相关现象提供解释，力求达到语言研究的描写充分性和解释充分性。由于汉语介词叠加多表现为两个单音节介词的紧邻并立，对汉语介词叠加的研究需要以全面考量相关单音节介词的句法语义特征为前提。在此基础上，对汉语双音节介词叠加的句法语义特征进行全面的描写，分析其与单音节介词在句法结构、语义表达和韵律限制等方面的异同。在充分描写介词叠加及其单音节介词的句法和语义特征的基础上，为汉语介词叠加的生成机制和形成动因提供解释。

第二，在语言的共时研究中兼具历时发展的视角，立足语言事实，在语言演变的过程中寻求证据。本书在考察汉语介词叠加的过程中，注重审视单音节介词和双音节介词叠加形成的先后关系，在语言历时的发展进程中寻求证据，在确定汉语双音节介词叠加形式晚于单音节介词形成这一语言事实的基础上构建理论体系，假设汉语单音节介词的存在为双音节介词叠加形式的生成提供了必要的词汇选项，提出汉语介词叠加是语言结构生成过程中思维浮现的结果，即在语言结构生成的过程中，具有相同或相近意义的单音节介词竞相浮现于语言运算的心智空间，汉语词汇生成的双音化倾向则促成了介词叠加结构的形成。

第三，在形式句法理论的框架下，采用形式化的手段进行研究，注重句法结构的清晰刻画和结构生成的形式化描写。本书采用生成语法的理论模型，通过形式化的手段刻画自然语言的句法结构，使用合并和移位等运算方式揭示汉语介词叠加的生成机制，并通过合并的二元限制条件为句法运算进行规约。在本书的分析模型中，汉语介词叠加被分析为多重支配性结构，其中的两个单音节介词拥有相同的句法地位，具有相同或相近的语义内容，在结构上共同支配其介引的论元。句法运算过程受到二元限制条件的制约，体现出句法运算的对称性和经济性。

第四，兼具语言类型学视角，在跨语言结构对比中寻求例证，以凸显汉语自身的特点，为汉语语法研究提供借鉴。介词叠加并不是一种十分普遍的语言现象。英语和西班牙语中的介词连用数量有限，在形式上与汉语介词叠加有相似之处，在结构上表现为两个介词的紧邻共现。尽管西方语言中的介词连用与汉语中的介词叠加之间存在着差异，比如英语和西班牙语中的介词连用不允许介词顺序替换，连用的两个介词在英语中表现为支配-被支配型结构关系等，这些语言中的介词连用现象仍然为汉语介词叠加现象的研究提供了研究启示。比如英语介词连用的 PathP-PlaceP 分析模式和西班牙语介词连用的结构定性在一定程度上为汉语介词叠加的结构表征和句法定性提供了启示。

第五，采用多层面、多维度相结合的方式，从句法、语义、韵律、语用等多个方面综合审视汉语介词叠加的生成过程，并在此基础上为其形成动因提供解释。本书在研究汉语介词叠加的过程中，将语义、韵律、语用等因素考虑在内，指出汉语中的介词叠加发生在语义相同或相近的单音节介词之间，介词叠加的形成受到语义、韵律、语用等因素的驱动。采用多维视角对汉语介词叠加进行研究，能够清晰地刻画该类介词形式的生成机制，并为其形成动因提供较为合理的解释。

### 4. 研究意义

作为虚词，汉语介词的基本功能在于为谓语动词介引间接论元。作为汉语介词特殊功能的一种，介词叠加现象尚未受到足够的重视。作为功能词类，汉语单音节介词数量有限，表义丰富，并能够在特定条件下形成双音节叠加形式，具有一定的能产性和规律性。目前的研究主要聚焦于汉语介词的基本功能，对叠加这种介词的特殊功能重视不够，专题性、系统性的研究较少。现有的研究主要关注汉语介词叠加的表现形式和历时梳理，较少涉及介词叠加的语法定性和形成机制。本书以汉语介词叠加为研究对象，探索该类介词形式的结构形式、语义特征、生成机制和形成动因，在充分描写的基础上为汉语介词叠加的生成机制和形成动因提供解释。本书的研究意义体现在以下几个方面。

第一，汉语介词叠加，与介词悬空、介词脱落、介词并入和介词框架等现象共同构成了汉语介词的特殊功能。以往的研究聚焦于汉语介词基本介引功能的描写与阐释，对汉语介词特殊功能的研究不够充分与深入。本书在形式句法学的理论框架下对汉语介词叠加的生成机制和形成动因进行专题性研究，有利于强化关于汉语介词特殊功能方面的研究，提高人们对于汉语介词特殊功能的认识，从而进一步完善汉语介词研究体系。

第二，由于汉语介词大多由动词虚化而来，对汉语介词叠加现象的研究涉及汉语单音节介词的历时演变，对汉语历时语言学研究具有一定的推动作用。汉语介词叠加的过程导致双音节介词的形成，为汉语语法化、词汇化和双音化的研究提供了一定的借鉴意义。同时，本书区分了单音节介词叠加和跨层虚化成词现象，并对其结构表征和生成机制分别进行了描写与解释。因此，本书的研究为句法-形态接口研究提供了一定的理论启示。

第三，本书对汉语介词叠加现象进行了界定，明确了其结构范围与表现形式。本书将介词叠加视为一种句法过程，将其与重叠现象区分开来，后者属于词汇现象。在此基础上，本书对低接受度的介词叠加、跨层介词共现、动介凝固成词和西方语言中的介词连用现象分别进行了界定与阐释，有利于厘清汉语中不同的语言结构及现象，进一步深化汉语语法研究。

第四，本书在形式句法学的理论框架下对汉语介词叠加现象进行研究，确定汉语介词叠加的句法归属。本书采用形式化的手段揭示汉语介词叠加的结构表征，通过心理浮现、平行合并等操作方式描写介词叠加的生成过程。形式句法理论的操作方式和研究视角为汉语介词叠加提供了新的研究手段和理论视角，在推动汉语语法研究发展的同时，为形式句法学研究作出贡献。

## 5. 研究目标

本书在形式句法学的理论框架下对汉语介词叠加进行专题性

研究，旨在确定该类介词形式的句法归属和结构范围，揭示其结构表征和语义特征，并为其生成机制和形成动因提供解释。本书的研究目标体现在以下几个方面。

第一，确定汉语介词叠加的结构范围和句法归属。本书将对张谊生（2013，2016）关于汉语介词叠加的分类系统进行重新认定，指出真正的介词叠加是两个意义相同或相近的单音节介词的并立共现。本书将对低接受度的介词叠加、跨越结构层级的介词紧邻、单音节动介凝固和介词连用等现象进行界定和区分，并在此基础上确立汉语介词叠加的句法属性。

第二，建立汉语介词叠加系统，探索汉语单音节介词形成介词叠加的语义条件，分析单音节介词无法构成介词叠加的可能原因。梳理单音节介词与介词叠加形成的历时关系，考察汉语双音节介词叠加的句法和语义特征，比较介词叠加与单音节介词在句法、语义、韵律等方面的差异。

第三，在句法语义分析的基础上，使用形式化的手段清晰地表征汉语介词叠加的内部构造，以汉语单音节介词和介词叠加的历时关系为依据，在形式句法学的理论框架下探索汉语介词叠加的生成机制，并从语义、韵律、语用等层面探索汉语介词叠加的形成动因。

第四，探索与汉语介词叠加密切相关的语言现象，涉及现代汉语语料中接受程度较低的介词叠加形式、跨越结构层级的介词紧邻共现、由动介凝固而成的双音节介词以及西方语言中的介词连用现象。本书将依次探索这些语言结构的句法属性和结构表征，并对其生成机制和形成动因进行研究。

# 第1章　自然语言的运算系统

本章围绕自然语言的运算系统进行探讨，补充并修正了最简方案框架中的理论模型，明确了语音、语义、语用等信息在句法运算中的作用，详细阐述了内部合并、外部合并、平行合并等句法运算方式，明确了多重支配结构的形成机制及理论地位，探索了合并操作的二元限制条件，旨在为后续章节中的具体分析提供理论基础与技术手段。

## 1.1　工作空间中的推导运算

### 1.1.1　自然语言的语法模型

形式句法理论关于自然语言运算系统的构建以最简方案中的"倒 Y"模型为代表，主张句法、语义和音系三大模块分立而治。句法部门被称为"狭式句法"（narrow syntax，NS），主司词汇项目（lexical entry）的运算推导，"狭式"的涵义是句法运算不含任何形式的语义和语音信息。语义部门和音系部门是后句法的（post-syntactic），其功能在于对句法运算所生成的语言结构进行

语义解释和语音解释。近期最简方案中自然语言的语法模型如图
1-1 所示（Dobashi 2019）。

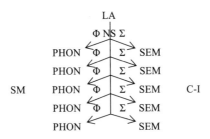

**图 1-1　最简方案中自然语言的运算系统**

　　在最简方案所秉持的语法模型中，心智词库（mental lexicon）
的词汇项目组成词汇序列（lexical array，LA），在狭式句法中进
行句法运算。句法运算以语段（phase）为单位，阶段性、循序式
地将句法运算所生成的句法实体拼出（spell-out），并移交（trans-
fer）至语音部门 PHON 和语义部门 SEM 进行语音解释和语义解
释。语音部门 PHON 关乎词汇项目的表层语序，语义部门 SEM 则
产生复杂思维（complex thought）。语音部门和语义部门分别与感
觉运动系统（sensorimotor system，SM）和概念-意向系统（con-
ceptual-intentional system，C-I）形成外部接口关系。从整体上看，
最简方案的语法模型表现为"倒 Y"模型。时至今日，这种基于
多重拼出模式的"倒 Y"模型在主流形式句法研究领域仍然占据
着主导地位。

　　最简方案强调句法运算的纯粹性，将语音、语义等非形式特
征排除在句法运算之外。整个运算过程从词汇序列开始一路向
下，不能折返。语音和语义部门位于狭式句法之后，其主要功能
是对业已生成的句法实体进行语音解释和语义解释。也就是说，
最简方案中的运算推导是单向性的，语音部门和语义部门仅仅是

语法系统中后句法性的解释性组件，语音特征和语义特征既不能参与狭式句法的运算过程，也不能干预其运算方式。

随着接口理论的不断发展，纯粹性的句法运算模式遭到了质疑。Richards（2010，2016）、Dobashi（2003，2013，2019）、冯胜利（1997，2000，2005，2013）、Feng（2019a，2019b）等证明了语音信息参与句法运算，影响并干预自然语言的句法表现。比如，Richards（2016）指出动词的韵律模式影响该类语言句首主语的表现形式，请看下列例句：

（1）　a. There arrived a man.　　　（英语）

　　　b. Il est arrivé un homme.　　（法语）

　　　c. É arrivato un uomo.　　　（意大利语）

　　　d. Apareció un hombre.　　　（西班牙语）

　　　e. Va venir un home.　　　　（加泰罗尼亚语）

（Richards 2016：11）

在例（1）中，英语和法语存现句的句首需要显性主语填充，而意大利语、西班牙语和加泰罗尼亚语中的存现句允许空主语出现。相关研究表明，在意大利语（Guerzoni 2000）、西班牙语（Oltra-Massuet and Arregi 2005）和加泰罗尼亚语（Oltra-Massuet 1999，2000）中，动词的词汇重音落在时态附缀之前的元音上，并由此形成一个韵律界限（metrical boundary）。在英语和法语中，重音仅指派给屈折变化完全的动词，只有屈折变化完全的词语才能形成韵律界限。也就是说，意大利语、西班牙语和加泰罗尼亚语中的韵律界限位于动词内部，而英语和法语中的韵律界限在动词外部。基于以上事实，Richards（2016）提出，时态附缀在句法运算时需要得到韵律界限的支持。由于意大利语、西班牙语和加泰罗尼亚语中的韵律界限位于动词内部，时态附缀的韵律要求在动词内部得到满足，无需句首显性主语再次提供韵律界限。而英语和法语动词不含韵律界限，需要句首显性主语所携带的韵律界限来满足时态附缀的韵律要求。可以看出，语音特征参与并影响自然语言的句法运算过程。

在语义信息和句法运算的关系方面，Hu（2019）认为句法运算涉及句法成分的语义因素和认知因素，并从句法-语义接口的视角对英汉特殊疑问句和汉语反身代词进行了研究。Hu 的研究表明，和语音信息类似，语义信息同样参与句法运算，并对句法推导的结果产生影响，比如（句首 "?" 表示低接受度，" * " 则表示不可接受）：

（2）? Which book did how many people buy?（Hu 2019：18）

按照传统的分析，由于例（2）中的疑问词 which book 在移位的过程中跨越了疑问词 how many people，违反了句法推导的局域性原则（Kuno & Robinson 1972；Chomsky 1995），句子应当不合语法。但根据语言直觉，例（2）仍然存在一定程度的可接受性。Hu（2019）对这种现象进行了解释，指出疑问词 which book 是一个内在性的语篇联系成分（D-linked constituent），在语篇中拥有较强的显著性。尽管 which book 在移位过程中跨越了另外一个疑问词，其所拥有的显著性能使 how many people 获得对列式语义解读（pair-list reading）。由于句法成分的显著性和语义及认知因素有关，可以证明语义对句法运算具有一定干预作用。

我们认为，除了语音和语义因素之外，语言的使用和语体风格也能对句法运算产生影响。也就是说，语用特征能够参与句法运算并影响句法推导的最终结果。因此，在自然语言的句法运算过程中，除了形式特征直接进行句法运算之外，语音、语义和语用等信息也可参与句法运算，并影响句法运算的最终结果。我们将自然语言的语法模型刻画如下。

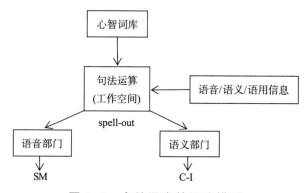

**图 1-2　自然语言的语法模型**

心智词库包含某一特定语言中的所有词汇项目，这些词汇项目组成句法运算所需要的词汇序列，在句法部门的工作空间（workspace）中进行运算推导（Bobaljik 1995；Chomsky 1995，2019；Zwart 2009）。在句法运算过程中，语音、语义和语用等信息可以侵入（invade）句法部门（Boeckx 2007），参与句法运算并影响运算的结果。运算系统将业已生成的句法实体进行拼出，并移交语音部门和语义部门分别进行语音解释和语义解释。语音部门和语义部门分别与感觉运动系统 SM 和概念-意向系统 C-I 形成外部接口关系。句法推导和拼出操作的实施同样以语段（ $v*$ P 和 CP）为单位，采用阶段性的方式有序进行。

### 1.1.2　句法运算的基本方式

根据最简方案的理论精神，我们假设合并（merge）是自然语言句法运算的基本方式，也是唯一方式（Collins 和 Stabler 2016；Narita and Fukui 2022 等）。Collins 和 Stabler（2016）把合并操作定义如下。

（3）给定两个句法实体 A 和 B，合并（A，B）= {A，B}。

（Collins & Stabler 2016：47）

句法实体 A 和 B 之间合并生成一个二元集合 {A，B}，只有经历合并运算的句法实体才被视为处于句法运算的过程中。合并的类型有三种：外部合并（external merge）、内部合并（internal merge）和平行合并（parallel merge）（Citko and Gračanin-Yuksek 2020）。外部合并发生在两个独立的句法实体之间，生成一个较大的句法结构。内部合并指句法实体从一个句法位置移动到另外一个结构位置，即移位操作（movement）。外部合并和内部合并的操作方式如图 1-3 所示：

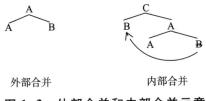

外部合并　　　　　　内部合并

**图 1-3　外部合并和内部合并示意**

如图 1-3 所示，句法实体 A 和 B 经合并生成一个较大的句法实体，由 A 为该句法实体提供标记。A 与 B 之间的合并被称为外部合并。句法实体 B 可以经过提升再次与 A 进行合并，形成结构 C，位于原来位置上的 B 被运算系统删除，这一过程被称为内部合并。可以看出，内部合并是 B 提升移位至一个新的句法位置并与 A 再次合并（Starke 2001；Gärtner 2002；Johnson 2012）。除了外部合并和内部合并，平行合并也是句法运算中较为常见的合并方式，用来生成多重支配性结构，如图 1-4 所示：

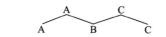

**图 1-4　平行合并的操作方式**

句法实体 A 首先与 B 进行外部合并，然后与 C 进行平行合并。平行合并的结果是形成一种具有多个根部节点的句法结构（multirooted structure），即图 1-4 中作为母亲节点的 A 和 C。作为母亲节点的 A 和 C 彼此之间不存在支配关系，二者共同支配句法实体 B（McCawley 1982；Blevins 1990；Wilder 1999，2008；Citko 2000，2005，2011a，2011b 等）。平行合并操作可以在自然语言中找到具体的例证，比如英语中的右向节点提升结构（Right Node Raising，RNR）就是由平行合并所生成的多重支配结构（McCawley 1982；Goodall 1987；Fox & Pesetsky 2007；Vries 2013a，2013b）：

(4) Pat reviewed and Chris edited a paper by a famous linguist.　　　　　　　（Citko and Gračanin-Yuksek 2020：3）

在例（4）中，名词短语 a paper by a famous linguist 同时受到动词 reviewed 和 edited 的支配，而这两个动词之间不存在相互支配的关系。在句法运算过程中，名词短语 a paper by a famous lin-guist 首先与动词 edited 外部合并为一个动词短语 VP$_1$，并在后续的运算过程中与动词 reviewed 平行合并为另外一个动词短语 VP$_2$。它们之间的结构关系可以简要表示如下：

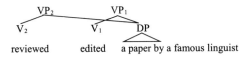

**图 1-5　名词短语与两个动词之间的结构关系**

可以看出，动词短语 VP$_1$ 和 VP$_2$ 之间不存在支配与被支配的结构关系，V$_1$ 和 V$_2$ 共同支配名词短语 a paper by a famous lin-guist，二者分别向其指派语义角色，并与其形成多重支配的结构关系，因此，平行合并是生成多重支配结构的关键性操作，在句法运算中具有极其重要的理论地位。

## 1.2　多重支配结构的推导生成

### 1.2.1　推导阶段与多重推导

合并是句法运算的基本操作，工作空间中的每一次合并操作均构成句法推导中的一个阶段（stage）。"阶段"与"语段"（phase）不同，句法推导过程中的每一次合并操作均能生成新的句法实体的集合，从而形成句法推导中的一个新的阶段。"语段"是句法推导中的局域性概念，最为常见的语段是 CP 和 $v*P$（孙文统 2022）。最简方案的主流理论模型即基于语段的多重拼出模型。Citko 和 Gračanin-Yuksek（2020：13）将阶段定义如下：

（5）在句法运算过程中，每实施一次合并操作即构成句
法推导的一个阶段。

因此，句法推导可以被定义为由全部运算阶段所构成的阶段性
序列（sequence of stages）。传统的看法认为，句法运算的工作空间
中仅能允许单一的句法推导模式，多重推导模式不具备理论地位
（Nunes and Uriagereka 2000；Collins 2002；Nunes 2004；Stroik 2009；
Jayaseelan 2017 等）。Chomsky（2021）、Chomsky 等（2023）通过
设置"最小生成"（Minimal Yield）条件来限制工作空间中的推导
单一性。Citko 和 Gračanin-Yuksek（2020：15）则承认多重推导模
式的理论地位，并将多重推导的产生条件定义如下：

（6）如果工作空间中的集合数量较之前一阶段有所增加
时，将会产生新的句法推导。

工作空间中的集合数量指句法结构根部节点的数量。工作空
间中根部节点数量的增加即意味着集合数量的增加。合并运算可
以增加或减少工作空间中的集合数量，还可能使其保持不变。我
们以词汇序列 {A，B，C，D} 的运算推导进行说明。在句法运
算开始之前，没有词汇项目进入工作空间，工作空间中集合的数
量为 0。在句法推导的第一阶段，A 与 B 的外部合并形成集合
{A，B}，工作空间中的集合数量为 1，比前一阶段有所增加，因
此形成了新的句法推导。这一阶段的句法运算表示如下：

（7）a. 词汇序列 = {C，D}（第一阶段）

　　b. 外部合并 A 和 B，生成 {A，B}

　　c. 集合数量：1

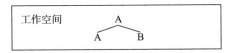

　　在这一阶段，由于 A 和 B 已经进入句法运算并在工作空间中形成了集合 {A，B}，词汇序列变为 {C，D}。在第二阶段，词汇项目 C 进入工作空间，与集合 {A，B} 进行外部合并，生成一个较大的集合 {C，{A，B}}。在这一阶段，工作空间中的集合数量仍然为 1，没有形成新的句法推导。这一阶段的句法运算表示如下：

　　（8）a. 词汇序列 = {D}（第二阶段）

　　　　b. 外部合并 C 和 {A，B}，生成 {C，{A，B}}

　　　　c. 集合数量：1

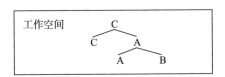

　　在这一阶段，由于词汇项目 C 进入句法运算，词汇序列变为 {D}。由于工作空间中的集合数量与上一阶段保持一致，没有产生新的句法推导。可以看出，外部合并可能增加工作空间中的集合数量，从而产生新的句法推导，也可能使集合的数量保持不变。内部合并则将现存的句法结构进行延伸，因此不会增加工作空间中的集合数量。比如 A 可以与集合 {C，{A，B}} 进行内部合并，形成句法运算的第三阶段：

  （9）a. 词汇序列 = ｛D｝（第三阶段）

    b. 内部合并 A 与 ｛C，｛A，B｝｝，生成 ｛A，｛C，
    ｛A，B｝｝｝

    c. 集合数量：1

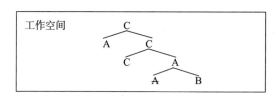

  在这一阶段，工作空间中的集合数量仍然为 1，因此没有形成新的句法推导。在第四阶段，词汇项目 D 进入句法运算，与 B 进行平行合并，生成集合 ｛D，B｝。此时，工作空间中存在两个集合：｛A，｛C，｛A，B｝｝｝和 ｛D，B｝，比前一阶段增加了 1 个。因此，工作空间中形成了一个新的句法推导，这一阶段的句法运算表示如下：

  （10）a. 词汇序列 = ｛∅｝（第四阶段）

    b. 平行合并 D 与 B，生成 ｛D，B｝ 和 ｛A，｛C，
    ｛A，B｝｝｝

    c. 集合数量：2

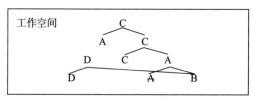

在这一阶段，工作空间中存在两个集合，形成了多个句法推导共存的模式。因此，平行合并会增加工作空间中的集合数量，形成句法运算的多重推导模式。在结构方面，平行合并生成多重支配结构，D 和 A 共同支配 B。在句法运算的第五阶段，集合 {D, B} 和 {A, {C, {A, B}}} 再次进行内部合并，生成集合 {{D, B} 和 {A, {C, {A, B}}}}，工作空间中的集合数量降为 1。这一阶段的句法运算表示如下：

（11）a. 词汇序列 = {Ø}（第五阶段）

　　　b. 外部合并 {D, B} 与 {A, {C, {A, B}}}，
　　　　生成 {{D, B} 和 {A, {C, {A, B}}}}

　　　c. 集合数量：1

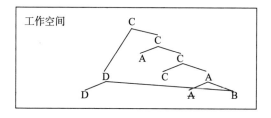

在这一阶段，集合 {D, B} 与 {A, {C, {A, B}}} 之间的外部合并生成了一个更大的集合，使工作空间中的集合数量降为 1，从而使句法运算再次变为单一式的句法推导。从（7）~（11）可以看出，外部合并操作可以增加工作空间中的集合数量，从而产生新的句法推导 [如（7）所示]，也可能使工作空间中的集合数量保持不变 [如（8）所示] 或减少工作空间中的集合数量 [如（11）所示]。内部合并不影响工作空间中的集合数量，因此不会产生新的句法推导 [如（9）所示]。平行合并则会增加工作

空间中的集合数量，从而形成多重推导的运算模式并促发多重支配结构的生成［如（10）所示］。多重推导模式和多重支配结构的生成密切相关，具有极其重要的理论地位。

### 1.2.2 多重支配的结构的生成及线性化机制

平行合并是生成多重支配结构的关键性操作。平行合并可以和外部合并及内部合并相结合，从而生成较为复杂的多重支配结构，比如：

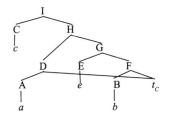

**图1-6 较为复杂的多重支配结构**

在图1-6中，句法实体 B 与 C 经外部合并生成 F，A 与 C 经平行合并生成 D，D 与 F 共同支配 C，从而形成基本的多重支配性结构关系。E 与 F 经外部合并生成 G，D 与 G 经外部合并生成 H，C 经提升移位与 H 内部合并为 I。在该结构中，$t_c$ 为 C 经提升移位所留下的语迹。C 受节点 D、F 和 I 的共同支配，$a$，$b$，$c$，$e$ 为终端节点。

Citko（2011a）以线性对应定理（Linear Correspondence Axiom，LCA）为基础对多重支配结构的线性化机制进行了探讨。线性对应定理的核心为非对称性成分统制（asymmetrically c-command）关系，其主要内容如下：

（12）a. d（A）是终端节点的线性语序，"d"指支配关系（dominance relation）。

b. 如果 X 和 Y 为非终端节点，$x$ 和 $y$ 为终端节点，

如果 $x$ 非对称性成分统制 $y$，那么 $x$ 居前于 $y$。

（Kayne 1994：6）

非对称性成分统制是指，$x$ 成分统制 $y$，且 $y$ 不成分统制 $x$。在图 1-6 中，终端节点 $a$、$b$、$c$、$e$ 呈现出以下结构关系：$c$ 非对称性成分统制 $a$、$e$ 和 $b$，$a$ 非对称性成分统制 $e$ 和 $b$，$e$ 非对称性成分统制 $b$。根据线性对应定理，$a$、$b$、$c$、$e$ 之间的线性关系为：

(13) $d(A) = \{c{>}a,\ c{>}e,\ c{>}b,\ a{>}e,\ a{>}b,\ e{>}b\}$

经过整合，图 1-6 中终端节点 $a$，$b$，$c$，$e$ 的线性语序为 $c{>}a{>}e{>}b$。

### 1.2.3　多重支配结构的理论地位

在形式句法学领域，多重支配是一个具有争议的结构概念。Chomsky（2007，2008，2019，2021）、Chomsky 等（2023）、Larson（2016）、Adger（2017）、Narita and Fukui（2022）等认为自然语言的运算系统无法生成多重支配结构，从而否认多重支配结构的理论地位。有些学者认为多重支配结构拥有多个母亲节点，违反了"单一母亲节点条件"（Single Mother Condition）（Sampson 1975；McCawley 1982），并且造成句法结构的缠结，违反了"无缠绕条件"（No Tangling Condition）（Wall 1972；Higginbotham 1985；Zwicky 1985 等），从而不被自然语言的句法结构所允许。

另外，Goodall（1987）、Moltmann（1992）、Citko（2000，2011a，2011b）、Wilder（1999，2008）、Gračanin-Yuksek（2007，2013）、Johnson（2012，2018）、Citko 和 Gračanin-Yuksek（2020）等则承认多重支配结构的理论地位，认为该类结构在自然语言中普遍存在。除了上文提到的右向节点提升结构（RNR）之外，并列疑问结构（across-the-board wh-questions，ATB）也被视为多重支配结构（Muadz 1991；Vries 2009），二者具有相似之处，表现为其均涉及同一句法实体的共同支配现象。请看以下例句（Citko and Gračanin-Yuksek 2020：3-4）：

（14）　a. Pat reviewed and Chris edited a paper by a famous linguist. （RNR 结构）

　　　　b. What paper did Pat review and Chris edit? （ATB 结构）

在 RNR 结构中，名词短语 a paper by a famous linguist 受到动词 reviewed 和 edited 的共同支配，接受二者所指派的语义角色。在 ATB 结构中，疑问词 What paper 同样受到动词 review 和 edit 的共同支配，并接受二者所指派的语义角色。二者的区别在于，RNR 结构中受动词共同支配的名词短语停留在原位，而 ATB 结构中受动词共同支配的疑问词提升移位至句首，从而形成了更为复杂的多重支配结构。此外，寄生空位（parasitic gap）（Kasai 2008）、自由关系分句（free relatives）（Citko 2000；Riemsdijk 2000，2006）、连动结构（Hiraiwa and Bodomo 2008）、限定词共享（determiner sharing）（Citko 2006）等也被作为多重支配结构进行讨论。可以看出，并列、空位和共享等句法关系与多重支配结构密切相关。多重支配结构在自然语言中广泛存在，并表现出一定的跨语言特征，比如，波兰语和克罗地亚语中也存在 RNR 结构（Citko and Gračanin-Yuksek 2020：40-41）：

（15）Jan zrecenzował, i w ostatnim numerze się　ukazał,

　　　　　　　　　　　　　　　　　　　　　　　（波兰语）

Jan reviewed　　and in　last　　issue REFL appeared

nowy　　　　artykuł　　　Chomskiego.

new. ACC/NOM　article. ACC/NOM　Chomsky. GEN

'Jan reviewed and in the last issue appeared a new article by Chomsky. '

（16）Jan　je　recenzirao　i　u sljedećem broju izlazi

　　　　　　　　　　　　　　　　　　　（克罗地亚语）

Jan　AUX　reviewed　and in　next　issue comes. out

novi　　　　članak　　　Noama　　　Chomskog.

new. ACC/NOM　article. ACC/NOM　Noam. GEN　Chomsky. GEN

'Jan reviewed and in the next issue will appear a new article by Chomsky. '

在例（15）和（16）所示的波兰语和克罗地亚语中，位于句末的名词短语在两个并列小句中分别做宾语和主语成分，从而构成多重支配结构。因此，承认多重支配结构的理论地位，不但契合语言事实，而且能够帮助我们解决实际中的问题。由于生成多重支配结构的关键性操作是平行合并，而平行合并则直接导致工作空间中多重推导模式的形成。多重推导模式能够为某些结构中的语义角色分配提供合理的解释。以英语中的 RNR 结构为例：

（17）Pat reviewed__, and Chris edited__, a paper by a famous linguist.

由于名词短语 a paper by a famous linguist 受动词 reviewed 和 edited 的共同支配，该名词短语将同时获得由这两个动词所指派的语义角色。因此，名词短语 a paper by a famous linguist 同时拥有两个语义角色，这与传统的题元准则（θ-criterion）相违背：

（18）题元准则

每个论元只能得到一个语义角色，且每个语义角色只能指派给一个论元。 （Chomsky 1981：36）

显而易见，题元准则强调语义角色的指派与论元之间存在一一对应的关系。而 RNR 结构中的名词短语显然受到两个动词的共同支配，因此应当获得两个语义角色。这种情况在传统的句法研究框架下无法得到合理的解释。而在多重支配句法中，名词短语 a paper by a famous linguist 首先与动词 edited 外部合并，获得一个由该动词指派的语义角色，在后续的句法运算中，该名词短语与动词 reviewed 进行平行合并，形成一个新的句法推导，并获得另外一个语义角色。由于名词短语 a paper by a famous linguist 的两个语义角色分别从两个不同的句法推导中获得，在每个句法推导中，该名词短语仅获得一个由动词指派的语义角色。英语并列疑问句的情况亦是如此。因此，多重支配句法的运算方式并不违反题元准则，并能够为同一名词短语多种语义角色的获得提供理论支撑。

## 1.3　合并运算的二元限制条件

### 1.3.1　二元限制条件的基本内涵

句法运算需要受到特定的条件限制，以确保生成的语言结构合乎语法。自然语言的基本运算包括外部合并、内部合并和平行合并，这些操作在本质上是二元的，涉及两个句法实体。在传统的研究框架中，合并操作的基本特征是二元性（binarity），即句法运算涉及两个句法实体，生成双分枝型的句法结构。二元性特征反映出句法运算的经济性和句法表征的对称性，能够体现人类语言作为一种生物实体的优化性设计（Chomsky 2000）。因此，二元性一直是合并操作的基本限制条件。二元性的传统含义是句法操作涉及两个句法实体，句法表征采用双分枝结构。Citko 和 Gračanin-Yuksek（2020）对合并的二元性进行了更为深入的挖掘，提出了合并运算的二元限制条件（Binarity Condition on Merge，BiCoM），其基本内容如下：

（19）合并运算的二元限制条件

在同一个句法推导中，一次合并操作所涉及的句法位置不能超过两个。

和以往的限制条件相比，Citko 和 Gračanin-Yuksek（2020）

将句法位置（syntactic position）作为合并操作的限制条件，而不是简单地对合并所涉及的句法实体的数量及树形表征进行限制。一个句法实体的句法位置被定义为从包含该句法实体的句法结构的根部节点到该句法实体的姊妹节点的所有节点。下面看外部合并与二元限制条件的关系：

**图 1-7　外部合并的二元限制情况**

在图 1-7 中，句法实体 A 和 B 外部合并为 C，A 和 B 的外部合并涉及两个句法位置，即 A 位置和 B 位置。根据定义，A 位置由根部节点 C 和 A 的姊妹节点 B 定义，因此，A 位置可以表示为<C，B>。同理，B 位置被定义为<C，A>。随后，句法实体 D 与 C 外部合并为 E。D 和 C 的外部合并仍然涉及两个句法位置：D 和 C。根据定义，位置 D 和 C 分别被定义为<E，C>和<E，D>。可以看出，外部合并总是涉及两个句法位置，因此满足二元限制条件的要求。平行合并的二元限制情况表示如下：

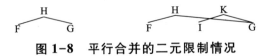

**图 1-8　平行合并的二元限制情况**

在图 1-8 中，句法实体 F 和 G 首先外部合并为 H，合并过程涉及 F 和 G 两个句法位置，分别定义为<H，G>和<H，F>。随后，G 与 I 经平行合并生成 K，平行合并同样涉及两个句法位置：I 和 G，前者被定义为<K，G>，后者被定义为<K，I>。可以看出，平行合并同样只涉及两个句法位置，符合二元限制条件的要求。内部合并的情况略显复杂，包含单纯的内部合并和平行合并之后的内部合并。先看第一种情况：

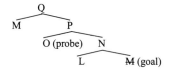

**图 1-9 内部合并的二元限制情况**

在图 1-9 中，作为探针（probe）的 O 和作为目标（goal）的 M 构成探针-目标一致关系，M 经提升移位与 P 进行内部合并，原位上的 M 被系统删除。可以看出，M 的内部合并操作涉及三个句法位置，M 内部合并之前的位置（定义为<Q，P，N，L>），M 内部合并之后的位置（定义为<Q，P>）和 P 位置（定义为<Q，M>）。Citko 和 Gračanin-Yuksek（2020：56）指出，在内部合并操作所涉及的两个 M 位置中，只有进行内部合并之前的位置（定义为<Q，P，N，L>）与探针 O 的搜寻路径（search path）相重合，并且只有与探针搜寻路径重合的位置才能被运算系统视为合并所涉及的句法位置。搜寻路径指探针在搜寻目标的过程中所经过的节点的总和。在图 1-9 中，探针 O 的搜寻路径为<N，M>，与内部合并之前的 M 位置（定义为<Q，P，N，L>）共享节点 N。内部合并之后的 M 位置（定义为<Q，P>）与探针 O 的搜寻路径无共享节点。因此，M 的内部合并操作仅涉及内部合并之前的 M 位置和 P 位置，符合合并的二元限制条件。最后看平行合并之后发生内部合并的情况，如图 1-10 所示：

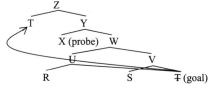

**图 1-10 平行合并+内部合并的二元限制情况**

句法实体 T 在分别与 S 和 R 进行外部合并和内部合并之后，通过提升移位的方式与 Y 进行内部合并。T 与 Y 的内部合并在表面上涉及四个句法位置：Y 位置（定义为<Z，T>），T 位置（定义为<Z，Y>），T 位置（定义为<Z，Y，W，U，R>）和 T 位置（定义为<Z，Y，W，V，S>）。由于定义为<Z，T>的 T 位置与作为探针的 X 的搜寻路径（定义为<W，Y，T>）之间没有重合的节点，该位置不被运算系统视为内部合并所涉及的句法位置。此外，如果定义为<Z，Y，W，U，R>和<Z，Y，W，V，S>的两个 T 位置共享直接句法环境（immediate syntactic environment），即定义这两个句法位置的最后两个节点相同（<U，R>=<V，S>），这两个 T 位置将被运算系统视为一个句法位置。在这种情况下，T 的内部合并仅涉及两个句法位置：Y 位置和 T 位置。这种情况体现在英语并列疑问句的生成过程中：

（20）What paper$_i$ did Pat review t$_i$ and Chris edit t$_i$?

在例（20）中，疑问词 What paper 在原位先与动词 edit 进行外部合并，生成一个 VP 短语，并在后续的句法运算中与 review 进行平行合并，生成另外一个 VP 短语。What paper 在这两个动词的共同支配下，涉及两个句法位置。在经过外部合并和平行合并之后，疑问词 What paper 通过内部合并的方式提升移位至句首，并在原位留下语迹（trace）。由于 What paper 与 review 和 edit 所形成的两个 VP 结构共享直接句法环境<VP，V>，What paper 在与 review 和 edit 两个动词所形成的多重支配关系中仅涉及一个句法位置。这种现象被 Citko 和 Gračanin-Yuksek（2020：84）称为结构类并（structural syncretism）。也就是说，当发生结构类并时，平行合并之后再进行内部合并操作不违反二元限制条件的要求。

综上所述，在句法运算的过程中，外部合并、平行合并和单纯的内部合并操作符合二元限制条件的要求。在发生结构类并的句法环境中，句法实体在进行平行合并之后再次进行内部合并仍然符合二元限制条件的要求。

### 1.3.2 二元限制条件的理论意义

合并的二元限制条件将合并操作所涉及的句法位置进行了限定，因此对合并运算的本质特征进行了更深层次的挖掘。除了体现出合并运算的二元性、对称性和优化性等传统特征之外，二元限制条件对句法位置的定义为句法结构的精确性描写和句法实体的精确定位提供了更为有效的技术手段。传统的句法分析中不存在"句法位置"这一专门的概念，也没有精确的描述方式，不利于句法实体在结构中的精确描述。比如在传统的框架中，标识语（specifier）的句法位置一般被描写为［Spec，X］，其中"X"表示某一特定的中心语。这种描写方法可以对拥有单个标识语的结构进行描写，但无法对多重标识语结构进行精确刻画。比如在下面的多重标识语结构中，传统的描写方法无法区分其中的两个 DP：

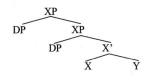

**图 1-11　多重标识语结构示意**

根据传统的描写方式，图 1-11 中的两个标识语被分别描写为［DP，XP］和［DP，XP］。由于这两个句法位置的表述方式完全一样，运算系统将无法进行识别与区分。合并的二元限制条件中对句法位置的定义可以解决这一问题。二元限制条件将句法位置定义为从句法结构的根部节点到句法实体的姊妹节点所涉及的所有节点。因此，图1-11中位置较高的DP的句法位置可以表示为<XP，XP>，而位置较低的DP的句法位置可以表示为<XP，XP，X'>。通过这种方式，多重标识语结构中的不同标识语位置得到了明确的区分。因此，在合并的二元限制条件下，句法运算的精确性得到了进一步的提升。

　　合并的二元限制条件还可以为某些语言现象提供更深层次的解释，因此具有更强的理论解释力。比如ATB移位体现出以下特征：

（21）a. I know a man who$_i$ Bill saw t$_i$ and Mary liked t$_i$.

　　　　b. * I know a man who$_i$ Bill saw t$_i$ and t$_i$ likes Mary.

　　　　（Williams 1978：34）

　　在例（21）a中，关系代词who在从句中占据两个动词的宾语位置，句子合乎语法。在例（21）b中，who是从句中第一个动词的宾语和第二个动词的主语，句子不合语法。也就是说，只有句法实体占据平行的句法位置才能进行ATB移位。一方面，以往的研究通过平行条件（Parallelism Condition）对这种移位限制进行描写（Kasai 2004），并未对这种限制规则提供深层次的理论解释。而另一方面，RNR结构的生成则不受平行条件的限制，比如（Citko and Gračanin-Yuksek 2020：3，5，65）：

（22）a. Pat reviewed＿and Chris edited＿, a paper by a famous linguist.

b. Everyone expected＿, and into room walked＿, a guy in a blue suit.

c. Into room walked＿, and everyone expected＿, a guy in a blue suit.

　　在例（22）a 中，名词短语 a paper by a famous linguist 在相互并列的两个句子中均处于宾语位置；在例（22）b 中，名词短语 a guy in a blue suit 在相互并列的两个句子中分别位于宾语和主语的位置；在例（22）c 中，名词短语 a guy in a blue suit 在相互并列的两个句子中分别位于主语和宾语的位置。这三个句子均合乎语法。传统的分析方案无法解释 ATB 结构在生成过程中的平行性限制，也无法为 ATB 结构和 RNR 结构在句子生成方面的差异提供解释。

　　在合并的二元限制条件下，例（21）和例（22）在句法限制方面的差异可以得到完美的解释。例（21）a 的合法性在于关系代词 who 在提升移位之前在从句中占据两个宾语位置，相同的句法位置为结构类并提供了条件，运算系统将这两个位置视为同一句法位置。因此，关系代词 who 的移位涉及两个句法位置（类并位置和句首 CP 的 C' 位置），满足了二元限制条件的要求。例（21）b 中的关系代词 who 在提升移位之前分别占据两个动词的宾语位置和主语位置。句法位置的不同使得结构类并无法产生。因此，运算系统将 who 所涉及的宾语位置和主语位置视为两个不同的句法位置。关系代词 who 后续的内部合并将涉及三个句法位置（who 所涉及的主语位置、宾语位置和句首 CP 的 C' 位置），违反了二元限制条件。因此，例（21）b 不合语法。

　　RNR 结构在生成过程中不受平行条件限制的情况也可以通过合并的二元限制条件得到解释。由于 RNR 结构在生成过程中仅涉及名词短语和两个动词的外部合并及平行合并，并不涉及名词短语的后续内部合并操作，名词短语与两个动词的外部合并和平行合并分别在独立的句法推导中生成。名词短语的外部合并和平行合并仅涉及两个句法位置，满足二元限制条件的要求。因此，RNR 结构的生成不受平行条件的限制，例（22）中的句子均合乎语法。因此，合并的二元限制条件拥有更强的理论解释力。


　　本章对自然语言的运算系统进行了探讨，涉及自然语言的语法模型、基本运算方式和操作限制。1.1 节首先回顾了最简方案中的经典"倒 Y"式语法模型，指出其所主张的纯粹性句法推导模式受到了广泛的质疑。本节提出了语音、语义和语用因素干涉句法运算的理论模型，并指出外部合并、内部合并和平行合并是自然语言运算的基本方式。1.2 节讨论了工作空间中的推导阶段与多重推导模式，指出多重推导模式导致多重支配结构的生成，并通过非对称性成分统制关系明确了多重支配结构的线性化机制。本节确立了多重支配的理论地位，认为多重支配结构是自然语言中的固有结构，自然语言的运算系统可以生成多重支配结构。1.3 节讨论了合并的二元限制条件，指出每次合并操作所涉及的句法位置不能超过两个。本节证明了外部合并、内部合并和平行合并均符合二元限制条件，在发生结构类并的前提下，平行合并之后再进行内部合并也不违反二元限制条件的要求。本节指出，合并的二元限制条件提高了句法运算的精确性，具有更强的理论解释力。

# 第 2 章 汉语介词叠加的形式及范围

本章旨在对汉语介词叠加的结构范围进行界定，明确汉语介词叠加的基本形式，构建汉语介词叠加体系。本章根据语义特征将汉语介词叠加分为方所类、时间类和非时空类三种类型，探讨不存在的介词叠加形式的内在原因，探索单音节介词与介词叠加之间的时序关系。

## 2.1 汉语介词叠加的界定

### 2.1.1 汉语介词叠加的基本形式

总体来看，学界对于汉语介词叠加现象缺乏统一和明确的界定。少数以"介词叠加"为题进行研究的论著并没有对"介词叠加"做出明确的界定，涉及的结构类型较多，研究对象缺乏一致性。比如，尽管张谊生（2012，2013，2016，2019）、张宝（2016）、刘耘（2018）、金铉哲和刘耘（2018）等均使用"介词叠加"这一术语，其所涉及的结构范围并不一致，存在较大的差异。在张谊生（2013，2016）的分类系统中，介词叠加表现为以下几种形式：

（1）a. 自打 自从 打从 朝向　　　（并列式）

　　　b. 处于在 介乎于 源自于　　　（附加式）

　　　c. 求诸于 见诸于 共诸于　　　（融合式）

　　　d. 遵依照 按遵照 按依照　　　（归并式）

　　　e. 自打从自 由于因为由于　　　（嵌套式）

　　　f. 介乎于在 加诸在于　　　　（累积式）

张谊生（2013，2016）认为，（1）a 和（1）b 中的结构均属于介词叠加，只是叠加的方式有所不同。（1）a 中的介词叠加是并列式，相互叠加的两个介词处于同一句法层面。（1）b 中的介词叠加是附加式，相邻的两个介词不在同一个结构层面。我们认为，（1）d～（1）f 中的介词叠加形式的接受度较低，其中（1）d 和（1）e 中的叠加成分位于同一结构层面，因此可视为并列式。（1）f 中相邻的介词不在同一结构层面，因此可视为跨越结构层级的介词紧邻。张宝（2016）将介词叠加分为显性并列叠加式和隐性融合叠加式：

（2）a. 从打 按照 比较 在于 对于　（显性并列式）

　　　b. 诸于 于焉　　　　　　　　（隐性融合式）

在（2）a 中，"从打""按照""比较"等介词叠加形式相当于张谊生（2013，2016）分类系统中的并列式，而"在于"和"对于"最初应来源于动介跨层搭配，并逐渐凝固成词（张宝

2016；张成进 2015）。（2）b 中的隐性融合式相当于张谊生（2013，2016）分类系统中的融合式。金铉哲和刘耘（2018）、刘耘（2018）仅涉及"自从""自打""打从""从打""打由"等少量介词叠加形式，相当于张谊生（2013，2016）分类系统中的并列式介词叠加。

可以看出，张谊生（2013，2016）所讨论的汉语介词叠加涉及并列式介词叠加、跨越结构层面的介词紧邻和接受度较低的介词叠加形式，张宝（2016）所讨论的介词叠加涉及并列式介词叠加、由动介跨层搭配形成的双音节介词和跨越结构层面的介词紧邻。金铉哲和刘耘（2018）、刘耘（2018）所研究的介词叠加仅涉及并列式的双音节介词叠加。上述研究并未对汉语介词叠加进行明确的界定，对汉语介词叠加的本质及结构范围也存在不同的认识。

有鉴于此，我们尝试对汉语介词叠加做出明确的界定，明确其语法本质和结构范围。和重叠不同，叠加属于句法现象，而重叠属于形态现象（刘丹青 2001）。因此，汉语介词叠加在本质上属于一种句法现象。我们对汉语介词叠加的界定主要基于以下几方面的考虑：第一，在组成成分方面，介词叠加是介词与介词之间的叠加，不包括曾经的动介组合；第二，在结构关系方面，相互叠加的介词位于同一结构层面，并且叠加之后仍然是介词，其功能仍然是介引间接论元；第三，在语义韵律方面，汉语介词叠加通常表现为两个语义相同或相近的单音节介词的紧邻并立。在此基础上，我们将汉语介词叠加定义如下：

（3）汉语介词叠加是一种将两个语义相同或相近的单音节介词紧邻并置的句法过程。

该定义从结构、语义和韵律方面对汉语介词叠加进行了界定。在结构方面，相互叠加的介词之间为并列式的关系，在结构上紧邻，中间无任何成分；在语义方面，相互叠加的介词拥有相同或相近的语义关系；在韵律方面，汉语介词叠加通常表现为由两个单音节介词所组成的双音节叠加形式。也就是说，只有张谊生（2013，2016）分类框架中的并列式叠加形式才是本书所认定的介词叠加。因此，汉语介词叠加的基本形式可以表示为：

（4）$\left[ P_{单音节} + P_{单音节} \right]_{双音节}$

根据定义，下面的双音节介词均可视为现代汉语中的介词叠加形式：

（5）自从 经由 打由 朝向 按照

例（5）中的五个双音节介词均由意义相近的单音节介词叠加而成，双音节叠加形式和单音节介词在语义上有较大程度的关联，比如单音节介词"自"和"从"可以表示时间的源点，二者的叠加形式"自从"也可介引时间论元，表示时间的源点：

（6）工业文明史上这个含义深远的变化自那时以后愈益显著。（《人民日报》1984-8-24）

（7）从那时以后，情况并没有很大变化。（《人民日报》1965-3-18）

（8）自从那时开始，蓝牙技术陆续获得 IBM、东芝、In-

tel 等业界巨头的广泛支持。(《人民日报》海外版
2001-1-19)

(9)　自从本世纪 20 年代以后,世界性环境污染威胁着
人类的安全。(《中国少年儿童百科全书》林崇德、
王德胜 )

介词叠加形式"经由""打由""朝向""按照"等也表现出
这种语义关联,比如单音节介词"经""由"及其叠加形式"经
由"均可表示地点上的"经过":

(10)　自 2006 年青藏铁路通车后,香港青少年代表团每
年都会经北京转机到西宁,随后乘火车抵达拉萨。
(《人民日报》海外版 2016-7-4)

(11)　先从福州驳运到上海,再由上海空运至日本东京,
只需三十个小时,梭子蟹的成活率接近百分之百。
(《福建日报》1980-1-26)

(12)　目前南通有 50% 以上的企业与上海有着直接业务
联系,75% 以上的外贸供货额经由上海口岸出口。
(《人民日报》海外版 2014-4-25)

单音节介词"朝""向"及其叠加形式"朝向"均表方向:

(13)　山下朝南的几间草屋,就是善先生的住宅,无人
不知,一问就是。(《上古秘史》钟毓龙)

(14)　远望一簇人马,向南而行。(《秦朝野史》黄士衡)

（15）他自己迅速地把身子朝向南边，不让这西北风把棉
　　　坎肩上的火蔓延起来。（《人民日报》1954 年 4 月）

因此，汉语介词叠加在形式上表现为两个同义或近义单音节
介词的紧邻并立，共同介引间接论元。介词叠加和单音节介词在
语义上有较大程度的关联，二者具有相同的语法功能。

### 2.1.2　几种似是而非的语言现象

我们将汉语介词叠加定义为两个同义或近义单音节介词的紧
邻并立，与张谊生（2013，2016）分类系统中的并列式叠加类
似，与张宝（2016）分类框架中的“显性并列式”部分重合。除
了并列式介词叠加之外，张谊生（2013，2016）和张宝（2016）
的研究中还涉及下列介词形式：

（16）a. 介乎于 源自于　（张谊生 2013，2016）

　　　b. 求诸于 见诸于　（张谊生 2013，2016；张宝 2016）

　　　c. 在于 对于　　　（张宝 2016）

与张谊生（2013，2016）分类系统中的归并式、嵌套式和累
积式［见（1）d～（1）f］相比，（16）a 和（16）b 中的结构形
式具有较高的接受度，（16）c 中的结构形式在现代汉语中广为使
用。比如：

（17）书中含作者十余篇小说新作，都为介乎于儿童与
　　　成人间的读者而写。（《文汇报》2001-3-24）

（18）法律本地化涉及法律体制问题，而语言问题又介乎于这两个问题之间，三个问题联系紧密。(《人民日报》1994-5-21)

（19）"本梦比"的说法源自于 10 年前日本东京股市。(《文汇报》2000-4-24)

（20）杰克逊的球场功夫自然源自于他的刻苦专心。(新华社 2001 年 1 月新闻报道)

（21）要是以公道求诸于天下，那天下根本就无公道可言。(《少年铁手》温瑞安)

（22）各地要认真贯彻执行。要脚踏实地，见诸于行动。(《人民日报》1983-9-14)

（23）记忆的要点在于"重复"，经过及时的复习，短时记忆就会成为长时记忆。(《文汇报》2004-6-23)

（24）对于上海置业者来说，对海口当地的交通等各方面都不熟悉。(《文汇报》2004-9-2)

需要指出的是，（16）中的结构形式与我们所定义的介词叠加之间存在较大的结构差异。（16）a 中的"乎于"和"自于"虽然在表面上表现为两个单音节介词的紧邻共现，"乎"和"于"以及"自"和"于"却不处在同一结构层面。张谊生（2013,2016）将"乎于"和"自于"分析为"词缀＋附缀"型叠加形式，该形式附贴在其前的单音节动词词根上。其实，"介乎"和"源自"在语法上已经自足，可独立使用，后面再加上"于"反而使表达显得繁冗拖沓，比如：

（25）他的脸谱，英俊如雕像，年龄介乎三十到五十之间，随便人去估计。（《夜光》倪匡）

（26）因此实感是介乎梦与现实之间，心绪是喜忧不定的。（《三幅遗容》李霁野）

（27）在接受采访的时候，47 岁的马友友表示这张专辑源自 12 岁时的理想。（都市快讯 2003-7-31）

（28）欧西文化源自希腊罗马，是为海洋商业城市文化。（《杂谈》宋云彬）

类似的还有"来自于"和"来自"，后者显然比前者更为简洁：

（29）他认为，中国的经验是正确的，因为它来自于和平政策。（《人民日报》1960 年 6 月）

（30）因为我们都知道，安全只有来自和平，没有和平就没有安全。（《人民日报》1998-4-30）

在语法上，"介乎""源自""来自"等形式的形成涉及单音节介词并入（incorporation）过程。汉语单音节介词可以并入单音节动词或名词，并与其共同构成一个韵律单位。"介乎"和"来自"由单音节介词并入单音节动词而形成，"源自"由单音节介词并入单音节名词而形成。在韵律上，"介乎""源自""来自"组成一个韵律单位，不能与外界发生韵律关联，比如：

（31）a.（介乎）$_\varphi$（三十到五十之间）$_\varphi$

　　　b.（源自）$_\varphi$（12 岁时的理想）$_\varphi$

　　　　　　　c.（来自）<sub>φ</sub>（和平）<sub>φ</sub>

　　上例中的"φ"表示韵律短语（phonological phrase）。可以看出，"介乎""源自""来自"本身构成一个韵律短语，其后的名词性成分构成另外一个韵律短语。发生介词并入的双音节"动+介"承担着动词的语法功能，因此被认为是动词或复合动词（张纯鉴 1980；胡裕树 1981；范晓 1998；王艾录 1982；蒋同林 1982；肖伟良 1982）。尽管"源自"为"名+介"形式，其同样承担着动词的语法功能，可以在整体上被分析为一个动词。以"介乎于"为例，该类形式的句法结构分析如下：

　　　　　　　（32）[<sub>VP</sub> [<sub>V</sub> 介乎 [<sub>P</sub> 于]]]

　　"介乎"组成一个动词单位，介词"于"与该动词单位组成一个动词短语 VP。"乎"和"于"分别位于动词和介词结构内部，"乎于"跨越了动词和介词两个结构单位，该形式不是一个独立自足的结构单位，因此不能单独使用。

　　基于上述分析，我们把"介乎于"、"源自于"和"来自于"等结构中的介词紧邻分析为跨越结构层级的介词紧邻共现，而不是真正意义上的介词叠加。（16）b 中的"求诸于"和"见诸于"也可进行类似的分析。"诸"是"之于"的合音，本身已经具有介引的功能，比如：

　　　　　　　（33）君子求诸己，小人求诸人。（《论语·卫灵公》）
　　　　　　　（34）舍国而求诸君，舍众人而求诸一人，必无统之可

言。(《论正统》梁启超)

(35) 此事见诸正史，并非作者捏造。(《元史演义》蔡
东藩 )

(36) 再不得已，则只好寻些别的事由，诉诸法律了。
(《而已集》鲁迅)

在韵律上，"诸"与单音节动词构成一个整体，这一点与
"介乎""源自"的情况类似：

(37)（求诸）$_\varphi$（己）$_\varphi$ （求诸）$_\varphi$（一人）$_\varphi$ （见诸）$_\varphi$
（正史）$_\varphi$ （诉诸）$_\varphi$（法律）$_\varphi$

此外，"诸"作为"之于"的合音，其符号形式的缩减造成
了语义弱化，需要一个具有介引功能的介词"于"加以强化（张
宝 2015)。因此，可将"求诸""见诸""诉诸"等视为一个动词
性成分，并将"求诸于""见诸于""诉诸于"等结构表示如下：

(38) [$_{VP}$ [$_V$ 求诸 [$_P$ 于] ]

和"介乎于""源自于""来自于"等结构一样，"诸"和单
音节动词构成一个动词性成分，再与单音节介词"于"构成一个
动词短语 VP。"诸于"这一形式跨越了动词和介词两个结构单
元，因此也应被分析为跨越结构层级的介词紧邻共现。

与"介乎于""源自于""求诸于""见诸于""诉诸于"等
结构相比，(16) c 中的"在于"和"对于"在形式上与介词叠

加十分接近。张宝（2016）、张薇薇（2013）等认为"在于"是并列式介词叠加。但由于汉语介词基本由动词虚化而来，其虚化时间及程度各有不同，"在"和"对"最初应为动词，其与语法化进程早、虚化程度高的介词"于"组成双音节的动介搭配"在于"和"对于"。比如"在于"作为动介搭配在《诗经》中就已出现：

（39）鱼在于渚，或潜在渊。（《诗经·小雅·鸿雁之什·鹤鸣》）

（40）鱼在于沼，亦匪克乐。（《诗经·小雅·正月》）

（41）其在于今，兴迷乱于政；颠覆厥德，荒湛于酒。（《诗经·大雅·抑》）

在例（39）~（41）中，"在"为动词，"于"为介词。之后，"在于"在使用中逐渐成词（下例转引自张宝 2016：23）：

（42）贵在于我而不失于变。（《庄子》）

（43）兵之胜败，本在于治。（《淮南子·兵略训》）

（44）凡群言发华，而降神务实，修辞立诚，在于无愧。（《文心雕龙》刘勰）

"在于"在例（39）~（44）中可分析为动词，其作为整体可进一步虚化为双音节介词（下列转引自张宝 2016：24）：

（45）往院里来，在于楼外边立着。（《玉堂春落难逢夫》

冯梦龙）

（46）陶公自将中军人马三千，将校湛辅廷、黑定国等十
二人，在于河东大路屯扎。（《醒名花》冯梦龙）

在现代汉语中，"在于"被认为是动词，用于指出事物的本
质所在或指"决定于"，比如：

（47）自然，野游的快乐在于勤工之后，非游荡者所能
懂得的。（《出游》孙福熙）

（48）凡人贵贱在于骨法；忧喜在于容色；成败在于决
断。（《秦朝野史》黄士衡）

无论是"在于"的动词性用法还是在历史上曾经存在的介词
性语法，其在形成初期的结构形式为动-介组合，并在历时发展过
程中逐渐成词。因此，"在于"并不是真正意义上的介词叠加，是
由动-介结构凝结而成的双音节词。与"在于"类似，"对于"源
于先秦时期的动介跨层结构"对+于"，比如（张成进 2015：205）：

（49）王赫斯怒，爰整其旅，以按徂旅。以笃于周祜，
以对于天下。（《诗经·大雅·皇矣》）

例（49）中的"对"为动词，义为"应答、应对"，介词
"于"介引动作行为的对象。"对+于"在隋唐五代时期完成词汇
化历程，凝固为具有介引功能的双音节介词（以下两例转引自张
成进 2015：207）。

（50）对于途坠坑判。（《全唐文》）

（51）对于市惊众判。（《全唐文》）

"对于"在例（50）和（51）中只能理解为介引关涉对象的介词，意思是对"途坠坑"和"市惊众"这两种行为进行判决（张成进 2015：207）。在现代汉语中，"对于"作为双音节介词，主要引进动作行为所涉及的对象。可以认为，现代汉语中的双音节介词"对于"由古汉语中的动-介组合凝固而来（马贝加 2002；吴福祥 2005；刘红妮 2010；张成进 2015）。因此，和"在于"一样，"对于"由古汉语中的动-介结构凝固而来，不是真正意义上的介词叠加。

因此，张谊生（2013，2016）和张宝（2016）所涉及的"介乎于""源自于""来自于""求诸于""见诸于"等结构中的介词形式属于跨越结构层级的介词紧邻共现，而"在于""对于"等形式由古汉语中动-介结构凝固而来，这些均不属于我们所讨论的介词叠加现象。

## 2.2　汉语介词叠加系统

### 2.2.1　汉语介词叠加形式及分类

在讨论介词叠加之前，我们先对汉语单音节介词系统进行一个简单的梳理。马贝加（2002）、傅雨贤等（1992）、陈昌来（2002）等均对汉语介词系统进行了较为详细的分类。在综合前人研究的基础上，我们根据语义把汉语常用单音节介词进行分类，如表 2-1 所示。

### 表 2-1 汉语单音节介词分类

| 介词类型 | 语义类型 | 单音节介词 |
|---|---|---|
| 处所介词 | 方位 | 在，于 |
| | 临近 | 临 |
| | 来源 | 自，从，打，由 |
| | 终到 | 到，至，及 |
| | 方向 | 向，往，朝 |
| | 经由 | 经，由 |
| | 沿途 | 遵，循，顺，沿，缘，随 |
| | 距离 | 距，离 |
| 时间介词 | 起始 | 自，从，打 |
| | 终点 | 至，到，及，赶，（迨，比，投） |
| | 正当 | 当，（方，会，值） |
| | 临近 | 临 |
| | 时机 | 趁，赶，（迨，及） |
| | 经过 | 经 |
| 方式介词 | 依据 | 按，照，依，据 |
| | 凭借 | 依，凭，仗，（缘） |
| | 听凭 | 任 |
| 对象介词 | 比较 | 比，较 |
| | 对于 | 对 |
| | 共同 | 与，同，跟，和，连，（共） |
| 工具介词 | 工具 | 拿，用，（以，因，把） |
| 原因介词 | 原因 | 因，（为，缘） |
| 范围介词 | 排除 | 除 |
| 施事介词 | 被动 | 被，叫，让，给 |
| 受事介词 | 受事 | 把，将 |

我们根据语义将汉语单音节介词分为处所介词、时间介词、工具介词、方式介词、对象介词、范围介词、原因介词、施事介词、受事介词等，并根据语义类型将单音节处所介词和时间介词进行了进一步的划分。在具体的举例中，括号里的单音节介词常出现在古汉语中，在现代汉语中的出现频率较低。

可以看出，汉语介词叠加发生在具有相同语义类型的单音节介词之间，比如单音节介词"自""从""打""由"可形成"自从""从自""从打""打从""自打""打自""打由""由打"等双音节叠加形式。其中，"自从""从自""自打""打自"只用来表示时间，"打从""从打"可以表示时间和空间，"打由"和"由打"只表示空间，且出现的频率较低，比如：

（52）冬天的风，常是刺骨寒冻的，肌肤会受不住凸起一粒一粒的疙瘩，且打由心脏里头泛出一股战栗。（《把所有的爱留给你》林如是）

（53）这天忽然傍饭口的时候，由打外边飞进来一只玉鸟，特别漂亮，就落在桌上一只古瓶上，叫得特别好听。（《中国传统相声大全》冯不异、刘英男）

表示"终到"语义的单音节处所介词"及"和"至"可叠加为"及至"，该形式用作介词时多用来表示时间，在语料检索中偶见表示终点处所的用例：

（54）及至一座岭下，百里超忽然叫道："此地有人打

架!"(《勇者无敌》秋梦痕)

（55）胜保在皖北时，颇称强悍。及至关中，则锐气顿挫。(《奴才小史》老吏)

　　表示方向的单音节处所介词"向""往""朝"可叠加为"朝向""朝往""往朝""往向""向朝"等双音节介词形式，"往朝"、"往向"和"向朝"的使用频率较低，在现代汉语文学作品中偶见用例：

（56）车子飞快地朝向西南的方向走去，不到十分钟便进了宛平县。(《卢沟桥的狮子》谢冰莹)

（57）当时大军正朝往维也纳推进，但为了赶返参加位于蒙古的库里尔台大会而急忙撤军。(百度网《窝阔台拖雷蒙哥汗的详细历史事件信息》2017-8-8)

（58）可是母亲还是毫无察觉，一个劲往朝秀吉的痛处刺过去。(《双雄罢兵》山冈庄八)

（59）进了大厅，只觉得这里面倒比外面还眩目，摆设当然是比候机厅里还精致，正当中还有一眼泉，变着花样往向外面喷水。(《周洁茹作品集》周洁茹)

（60）摧毁了对方的火力，敌机抖抖机翼在空中盘旋了几圈，又投下几枚炮弹，这才胜利地向朝远处飞走。(《这里的黎明静悄悄》瓦西里耶夫)

　　表示"经由"语义的单音节介词"经"和"由"可以叠加

为双音节介词"经由",表示经过某地或某条路线,比如:

> (61) 自己由此知道,父母曾于整整十年前的 1934 年经
> 由上海去了北京。(《人民日报》2017-7-5)
>
> (62) 在七年以前,曾经由津浦线北上,过黄河,在天
> 津附近的一个小县里住了半年。(《北游漫笔》叶
> 灵凤)

表示"沿途"语义的单音节介词"顺""沿"等可叠加为"顺
沿"和"沿顺"等叠加形式,"沿顺"的出现频率较低,比如:

> (63) 顺沿着谢永增的创作时间欣赏其作品,很容易发
> 现他泾渭分明的创作风格。(《人民日报》海外版
> 2005-11-30)
>
> (64) 西面沿顺河道两岸生长的柳树丛啦,小杨树林子
> 啦,都已经湮没在轻纱般的暮霭里了,隐隐约约
> 如画样的柔美、奥妙。(《人民日报》1962-2-24)

表示"距离"语义的单音节介词"距""离"可以叠加为双
音节介词"距离"和"离距","离距"出现的频率较低,在北
京大学 CCL 语料库中仅见 1 例:

> (65) 韩正说,福冈市是日本距离上海最近的一座城市,
> 福冈和上海都是重要的港口城市,加强双方航运
> 的合作,必将对两地的经贸发展起到有力的促进

作用。(《文汇报》2003-3-25)

（66）天外太空船访问地球的事，一次也不可能发生，因为我们的行星离距所有可能存有智慧生物的星球实在太远。(北京大学 CCL 语料库)

在单音节时间介词中，表示起始语义的单音节介词"自""从""打"可以叠加为"自从""从自""从打""打从""打自""自打"等形式，均可表示时间的起始，比如：

（67）他自从 10 多年前提起了招领的铜锣，就一直没有间断过。(《人民日报》1997-5-17)

（68）从自 2011 年 12 月 28 日起，电话订票的预订期为 4~12 天。(搜档网 2011-12-13)

（69）从打我来到赛淖儿，他已经常常在时冷时热的运动集会上胸佩白布条儿，听阵子批判。(《北望长城外》张承志)

（70）打从 1436 年（即明正统元年）取消了银禁，白银和制钱的流通公开化，有身价的黄金虽不经常投入日常流通，但拿出来是没人不认账的。(《文汇报》2004-8-14)

（71）打自他们第一次见面到现在，他从来没有看见她流过一滴眼泪、如今地却看到一个明显的是哭红了眼睛、红了鼻头的裴夜！(《杀手绮梦》吕希晨)

（72）自打 1988 年以来，俄罗斯足球就一直在走下坡路。(《文汇报》2002-6-21)

表示终点语义的单音节介词"及""至""赶""到"可以叠加为"及至""赶到"等双音节介词,"赶到"的动词性较强,但当其位于连动结构中第一个动词位置时,仍然可以视为介词(刘坚等 1995;石毓智 1995;马贝加 2002;张旺熹 2004),比如:

(73)及至 1908 年,上海十六铺建立了新式剧场——新舞台,标志着海派京剧的崛起。(《文汇报》2004-11-21)

(74)赶到明天吃姐姐外甥的满月酒,连夜去温州一趟,明天下午赶回来做生意。(百度网 2002-7-14)

"迨(逮)""比""投"等表示终点语义的时间介词在现代汉语中已不常用。在古汉语中,这些单音节介词可以和"及""至""到"等叠加形成"迨及""迨至""及至""比及""及比""比至""投至""投到"等形式,例(77)~(78)转引自崔云忠、何洪峰(2022:138,140),例(79)~(82)转引自马贝加(2002:128,130,137):

(75)迨及秦汉,方士辈出,宣扬神仙之说,秦皇汉武,笃信寻求,神仙传说,遂屡见于史传之中。(《中国道教》卿希泰)

(76)迨至魏晋以后,道教教义遂逐渐系统化。(《中国道教》卿希泰)

(77)及至后世,淫佚衰微,不能统理群生。(《汉书·董仲舒传》)

（78）比及葬，三易衰，衰衽如故衰。（《左传·襄公三十一年》）

（79）……天色渐晚。及比设了醮，就有起更天气。（《金瓶梅词话》兰陵笑笑生）

（80）比至日中，大雨总至，溪涧盈溢。（《搜神记》干宝）

（81）投到安伏下两个小的，收拾了家私，四更出门，急急走来，早五更过了也。（《元曲选·鲁斋郎》臧懋循）

（82）投至望君回，滴尽多少关山泪。（《双调·潘妃曲》商挺）

表示"正当"语义的单音节介词"当""方""会""值"可叠加为"方当""会值""当值"等双音节介词，例（83）和例（85）转引自马贝加（2002：118，122）：

（83）方当盛汉之隆，愿勉旃，毋多谈。（《汉书·杨敞传》）

（84）会值洮西之役，官兵失利，刺史王经困于围城之中。（《晋书》房玄龄）

（85）度、康当值武皇帝休明之会，合策名之计，夹辅汉室。（《三国志·魏书·公孙度传》陈寿）

表示时间临近的"临"可以和语义相近的单音节介词"当""至""到"等叠加为"临当""临至""临到"等形式，比如：

（86）临当上马时，我独与君言。（《送裴十八图南归嵩
　　　山二首》李白）

（87）临至捉到萧墙外，季布高声殿上闻。（《敦煌变文
　　　集新书》）

（88）况且小娘自己手中没有钱钞，临到从良之际，难
　　　道赤身赶他出门？（《醒世恒言》冯梦龙）

表示"时机"语义的单音节介词"趁""赶""迨""及"等
可以叠加为"赶趁""迨及"等双音节介词形式，比如（转引自
马贝加 2002：151，164）：

（89）百姓每耕种要宜赶趁时候，不妨误了他，这便是
　　　"为之者疾"；……（《鲁斋遗书》许衡）

（90）迨及岁未暮，长歌乘我闲。（《长歌行》陆机）

在单音节方式介词中，表示"依据"语义的单音节介词可以
叠加为"按照""依据""据依""依照""照依"等双音节介词；
表示"凭借"语义的单音节介词可以叠加为"依仗""依凭"
"凭依""凭仗""仗凭"等双音节介词；表示"听凭"语义的单
音节介词"任"可以和语义相近的单音节介词"凭"叠加为"任
凭""凭任"等双音节形式。这些双音节介词尚保留着较强的动
词性，在连动结构中的第一个动词位置上时可视为介词。其中，
"照依""据依""依凭""凭依""凭仗""仗凭""凭任"等叠
加形式的出现频率较低，比如：

（91）谁知凤姐心下早已算定，只待贾琏前脚走了，回来便传各色匠役，收拾东厢房三间，照依自己正室一样装饰陈设。（《红楼梦》曹雪芹）

（92）敕今年礼部所放进士，据依去年人数外，更放两人。（《旧唐书》沈昫）

（93）津巴布韦石雕不讲究缜密严谨的艺术构思，完全由创作者依凭不同的石头型材即兴雕琢，自然夸张而又充满生命的活力。（《文汇报》2002-10-16）

（94）梁王刘永，凭依他的封国起兵，招揽各郡英雄豪杰。（《资治通鉴》司马光）

（95）你如想找出她们之间的领头之人，那只有凭仗你的武功去测验了。（《飞花逐月》卧龙生）

（96）她们是仗凭了毒物退去追兵，但仍然受了伤。（《女捕头》卧龙生）

（97）任何领导人，特别是高级负责干部，决不可凭任主观意志办事，以感想代替政策，即使你的动机是好的，这样做也很有害。（《人民日报》1981-3-12）

　　在单音节对象介词中，表示"比较"语义的"比"和"较"可以叠加为"比较"。在现代汉语中，"比较"的动词性较强，而且在使用上较为受限（单宝顺 2011），但还是能够在语料中发现其介词用法（下例转引自单宝顺 2011：51）：

（98）此中空论多而文章少，比较他们三个差得远了。

（《而已集》鲁迅）

表示"共同"语义的单音节介词可以叠加为"与同""跟同""连同"等形式，"与同"见于元明时期（马贝加 2002：204），"跟同""连同"在现代汉语中较为常见，比如：

(99) 某领本部下人马，与同幽州太守刘羽为游骑，与吕布交战，走一遭去。（《金元曲》）

(100) 他非常爱鱼，有时看到捕鱼队去打鱼，就跟同他们一起打鱼。（《人民日报》1966-2-19）

(101) 昨天，这些逝去已久的名字连同 127 件国宝级古生物化石，从甘肃省临夏州和政县运抵上海科技馆，预计将于明年春节前后向市民免费展出。（《文汇报》2005-12-4）

在单音节工具介词中，现代汉语可将单音节"拿"和"用"叠加为双音节介词"拿用"，例（102）转引自张谊生（2013：14）：

(102) 案犯只在案发前来过，说明案犯是在几天之内决定动手的，应该说具有偶然性。那么，谁会将拿用性命换来的钱放在没有十分把握的地方呢？（《深度解析长沙"爆头哥"的江湖传说》，2012-1-26，天涯社区）

作为双音节介词的"拿用"使用频率较低，以下是北京大学

CCL 语料库检索用例：

> （103）农村中群众痛恨的几股歪风：干部拿用集体材料
>  　　　盖私房、招工走后门、大吃大喝，已经基本刹
>  　　　住。（《人民日报》1983 年 2 月）
>
> （104）他作为答复，拿用一张像片给我看。（《人民日
>  　　　报》1949 年 2 月）

表示原因的单音节介词"因"和"为"可叠加为"因为"和"为因"，比如：

> （105）家里的事是小事，国家的事是大事，咱不能因为
>  　　　小事耽误了大事。（《人民日报》1998-8-3）
>
> （106）俺姑娘将着这灵柩，引着莺莺，回博陵下葬，
>  　　　为因路阻，不能得去。（《西厢记》王实甫）

表示"原因"语义的双音节介词"为因"使用频率极低，古汉语中偶然出现，现代汉语中未见用例。

通过以上探讨，我们发现汉语单音节介词在叠加方面呈现出以下规律：第一，汉语介词叠加多发生在表示处所和时间的单音节介词中，往下依次是表示方式、对象、工具和原因的单音节介词，表示被动和受事的单音节介词无叠加形式；第二，汉语介词叠加发生在两个语义相同或相近的单音节介词之间，不同语义类型的单音节介词无叠加形式；第三，除了少数形式凝固的介词叠加之外，多数双音节介词叠加形式允许内部语序的改变。在同一

语义类型中，如果常用的单音节介词较少，则不容易形成介词叠加形式，比如表示排除语义的介词"除"，现代汉语中的"除去"是作为动词的"除"和作为动词的"去"之间的叠加，"除去"整体可作为介词使用。由于汉语介词叠加主要发生在单音节处所介词和时间介词之间，我们把汉语介词叠加分为方所类介词叠加、时间类介词叠加和非时空类介词叠加，并将其具体叠加形式总结如表 2-2 所示。

表 2-2　汉语介词叠加系统

| 叠加类型 | 叠加形式 |
|---|---|
| 方所类介词叠加 | 从打，打从，打由，由打，及至，朝向，朝往，往朝，往向，向朝，经由，顺沿，沿顺，距离，离距 |
| 时间类介词叠加 | 自从，从自，从打，打从，打自，自打，及至，赶到，迨及，迨至，比及，及比，比至，投至，投到，方当，会值，当值，临当，临至，临到，赶趁，迨及 |
| 非时空类介词叠加 | 按照，依据，据依，依照，照依，依仗，依凭，凭依，凭仗，仗凭，任凭，凭任，比较，与同，跟同，连同，拿用，因为，为因 |

在不同类型的介词叠加中，某些叠加形式的使用频率较高，比如"自从""经由""按照"等，有的使用频率较低，比如"迨及""及至""与同"等。在允许内部语序进行调换的叠加形式中，一种叠加形式为主导形式，比如"朝向"、"依照"和"距离"的使用频率大大高于"向朝"、"照依"和"离距"。这与特定的单音节介词在现代汉语中的使用频率和词汇化程度有关。单音节介词并不能随意地构成叠加形式，其原因除了语义因素之外，还跟认知因素有关。下一节我们将对不存在的介词叠加形式及其原因进行探讨。

### 2.2.2　不存在的叠加形式及原因

在上一节中,我们指出,介词叠加发生在语义相同或相近的单音节介词之间,不同类型的介词之间无法叠加,比如单音节方式介词无法和单音节对象介词形成"﹡依比""﹡任与""﹡按对"等叠加形式,单音节工具介词也无法和单音节原因介词形成"﹡拿因""﹡用为""﹡用因"等叠加形式。在同一类介词内部,只有语义类型足够接近的单音节介词才能发生叠加,比如在时间介词中,表示"临近"语义的"临"、表示"正当"语义的"当"和表示"终点"语义的"到""至"在语义上较为接近,因此可以形成"临当""临至""临到"等叠加形式。与之相比,尽管表示"起始"语义的"自""从""打"和表示"经过"语义的"经"同属时间介词,但由于二者之间的语义重合度较小,因此无法形成"﹡自经""﹡从经""﹡打经"等叠加形式。

不同类型的介词之间无法形成介词叠加形式,并且语义相差较大的同类介词之间也无法形成介词叠加形式。从语义上说,拥有相同或相近语义的单音节介词具有较高的语义融合度,而语义融合度与汉语并列复音词的产生密切相关。帅志嵩(2005)将语义融合度的等级序列表示如下:

(107) 等义>同义(包括近义)>类义>反义

这一等级序列反映了语义在复合成词过程中的作用。帅志嵩(2005)指出,同义关系项在概念领域中比反义关系项具有较近距离,根据距离相似性原则,具有相同意义的并列项因有较近的形式距离，更容易并列成词。根据胡敕瑞（2002）的研究，并列式复合词内部的语素关系在东汉中土文献《论衡》和佛典中呈现出以下特点：由同义语素构成的并列式复合词分别占并列式复合词总数的 76.22% 和 56.57%，由类义语素构成的并列式复合词分别占并列式复合词总数的 23.28% 和 42.66%，而由反义语素构成的并列式复合词仅占并列式复合词总数的 0.48% 和 0.77%。可以看出，由同义和类义语素构成的并列式复合词在数量方面占据绝对优势。从语义透明度（即复合词与所构成语素之间的语义关系）来讲，由同义语素构成的并列式双音节词的语义最为透明，在语义上比单音节词更为强化，其词义能够从语素义直接推导得出，比如寻找、居住、士兵等。由类义语义构成的并列式双音节词的语义比较晦涩，常发生隐喻或转喻，比如手足、领导、眉目等。而由反义语素构成的并列式双音节词的语义较为透明，一般表示周遍性语义或上位语义，比如大小、深浅、朝夕等，或形成偏义复合词，比如国家、质量、忘记等（韩书庚 2018）。

作为一种功能语类，介词的语法功能主要在于介引间接论元，而不是概念的指称。由单音节介词所组成的双音节介词叠加仍然是功能语类，其语法功能仍然是介引间接论元，而不是指称具体的事物。意义相同或相近的单音节介词具有较高的语义融合度，容易通过并列的方式使介词的语义和语法功能得到强化，所以更容易叠加形成双音节介词。从认知上看，两个意义相同或相近的单音节介词拥有较近的概念距离，根据距离相似性原则，二者更容易通过叠加的方式形成双音节介词以缩短其形式距离。从语义透明度来讲，由两个同义或近义单音节介词叠加而成的双音节介词在语义上较为透明，其语义可由单音节介词的语义推导出来，在语义上较之单音节介词更为强化。因此，汉语中的双音节介词叠加形式通常发生在两个同义或近义的单音节介词之间，比如表示起始语义的单音节时间介词"自""从""打"等可以形成"自从""自打""打从"等叠加形式。由于语义差别较大的单音节介词之间的概念距离较远，根据距离相似性原则，二者应当具有较远的形式距离，因此不容易产生叠加形式。在语义融合度方面，意义差别较大或者相反的单音节介词之间的语义融合度较低，不容易以叠加的形式形成并列式复音词。从语义透明度来讲，由同义语素构成的并列复合形式通常表示意义的强化，其意义可由语素意义推导出来，由类义语素构成的并列复合形式在语义方面通常会发生隐喻和转喻，而由反义语素构成的并列复合形式通常表示周遍或上位语义。由于汉语介词叠加在语义上较之单音节介词有所强化，而非表示周遍或上位意义，因此，由类义和反义单音节介词不容易形成介词叠加。

因此，距离相似性、语义融合度和语义透明度等条件制约着汉语介词叠加的形成。意义相同或相近的单音节介词之间具有较短的形式距离和较高的语义融合度，二者形成的叠加形式具有较高的语义透明度，因此容易形成介词叠加形式。而意义差别较大的单音节介词之间具有较远的形式距离和较低的语义融合度，其叠加形式具有较低的语义透明度，不容易形成介词叠加形式，比如表示终到语义的单音节处所介词"到"和"至"无法与表示依据语义的单音节方式介词"按"和"照"形成"＊到按""＊到照""＊至按""＊至照"等叠加形式。由于介词叠加在语义上通常是单音节介词的强化，并不表示周遍或上位语义，因此无法通过语义相反的单音节介词叠加形成，比如表示源点语义的单音节

处所介词"自""从"无法和表示终到语义的单音节处所介词
"至""到"等形成"＊自至""＊至从""＊从至""＊从到"
等叠加形式。此外，由于介词叠加在词性上为介词，其语法功能
仍然是介引间接论元，介词叠加在语义上没有发生隐喻或转喻。
因此，如果表示类义的单音节介词在语义方面不够接近，仍然无
法形成介词叠加形式。比如，由于表示比较的单音节介词"比"、
表示"对于"语义的单音节介词"对"和表示"共同"语义的单
音节介词"与"之间的意义差别较大，尽管它们均为对象介词，仍
然无法形成"＊比对""＊比与""＊对与"等介词叠加形式。

## 2.3　单音节介词与介词叠加的时序关系

### 2.3.1　方所类介词及其叠加形式的时序关系

方所类介词叠加包括"从打""打从""打由""由打""及
至""朝向""朝往""往朝""往向""向朝""经由""顺沿"
"沿顺""距离""离距"等。先看表示始发处的"从打""打从"
"打由""由打"等介词叠加形式与单音节介词"从""打""由"
的时序关系。本节中古汉语例句多转引自马贝加（2002），所引
例证均标明出处及原书页码。

"从"作为表示始发点的介词出现于战国时期，比如（马贝
加 2002：24）：

（108）有玄云从西北方起。（《韩非子·十过》韩非）

（109）上客从赵来，赵事如何？（《战国策·秦策五》）

"打"的介词用法出现于宋代，比如：

(110) 步下新船试水初，打头揽载适逢予。(《阊门外登溪船》杨万里）(马贝加 2002：30)

(111) 五夜好春随步暖，一年明月打头圆。(《武林旧事》周密）

"由"表示起始点，其介词用法萌生于春秋时期，比如：

(112) 不忍其死，请由此亡。(《国语·晋语》)(马贝加 2002：27)

(113) 郑伯由是始恶于王。(《左传·庄公二十一年》)

介词叠加形式"打从"出现于元明时期，比如：

(114) 话分两头，却说南京有个吴杰进士，除授广东潮阳县知县，水路上任，打从襄阳经过。(《元代话本选集》)

(115) 听得人说是蔡太师家的花园，士人伸舌头出来，一时缩不进去，捏了一把汗，再不敢打从那里走过了。(《二刻拍案惊奇》凌濛初)

表示始发点的"从打"出现于清代以后，比如：

(116) 从打上五门至下三门，这八个门户，我们是一门

有八手刀。(《大八义》)

(117) 从打人丛里挤将入去，钢刀乱砍，如削瓜切菜一般。(《续水浒传》王作镐)

"由打"出现于明清时期的小说中，比如：

(118) 智深已由打怀内取了文书，又立要王英等引着交割。(《续水浒传》王作镐)

(119) 剑客由打树林内出来，方要下水，就见水面上露出二十余人，向山坡拉网，剑客赶紧回到树林内，上了大树观看。(《三侠剑》张杰鑫)

"打由"的使用频率较低，在当代文学翻译作品和网络中偶见用例：

(120) 这时候，穿着雪裤的叶子打由小街拐到火车站的大路上，急匆匆地跑了过来。(《雪国》川端康成)

(121) 下了雨，大伙儿打由大道走，不高兴不高兴，要抄近路打泥地上走。(百度网 2023-2-12)

从上面的例子可以看出，介词叠加形式"从打""打从""打由""由打"出现的时间均晚于单音节介词"从"、"打"和"由"。这符合事物发展的一般规律，同义或近义单音节介词的存在为相关的介词叠加形式的生成提供了基础。表示终到语义的单音节介词"及"和"至"与介词叠加形式"及至"也体现出这种时序关系。"及"最初为动词，在春秋时期，其体现出较强的介词性质，出现在动补结构中，比如（马贝加 2002：54）：

> （122）反及嬴内，以无射之上宫。（《国语·周语下》左丘明）
>
> （123）鲁成公见，言及晋难及郤犨之谮。（《国语·单襄公论晋将有乱》左丘明）

在汉代，"至"体现出明显的介词性质，出现在动补结构中（马贝加 2002：56）：

> （124）群臣居守，皆送至灞上。（《史记·留侯世家》司马迁）
>
> （125）数召至前谈语，人主未尝不说也。（《史记·酷吏列传》司马迁）

表示处所语义的叠加形式"及至"出现的频率较低，在唐代小说中已见用例：

> （126）梦着衣冠上比北邙山，亲友相送，及至山顶，回顾不见一人，意恶之。（《大唐新语》刘肃）
>
> （127）及至远营，同坐幕下，对诸察佐，笑言自得。（《唐文拾遗》陆心源）

可以看出，表示处所语义的介词叠加形式"及至"出现的时间晚于单音节介词"及"和"至"。

表示方向语义的介词叠加形式"朝向""朝往""往朝""往向""向朝"由单音节介词"朝"、"向"和"往"构成。"朝"原为动词，指"谒见尊者或尊者互见"，其介词用法在元曲中偶有用例（马贝加 2002：88）：

（128）不思路远往难还，忽朝担子两头脱。（《元曲选·布袋和尚忍字记》臧懋循）

"向"原为动词，表示"面对""向……前进"之意，表示"面对"的介词"向"在汉代开始萌芽，在南北朝时期逐渐成熟（马贝加 2002：70），比如：

（129）馥等到官，各举兵还向京都，欲以诛卓。（《三国志·蜀书·许靖传》陈寿）

（130）走向太原，追兵及之。（《三国志·魏书·王凌传》陈寿）

"往"大约在唐代时发展为介词，唐五代、宋元时期其介词用法沿袭下来，可位于动词之前或之后（马贝加 2002：84）：

（131）常氏将饭食送往田间。（《新编五代史平话·周史平话》）

（132）我追赶着一人，往这老君堂来。（《元曲选外编·老君堂》第 1 折隋树森）

介词叠加形式"朝向"在清代小说中始见用例：

（133）说罢，与于希祖一齐离位，朝向众人一揖。（《铁冠图》）

（134）仁贵听言，咕噜翻身，朝向外面，说："程千岁取救兵到了么？"（《说唐全传》）

"朝往"常出现在现代汉语的小说文体及网络语料中，比如：

（135）采菲甩开他的手，朝往她房间走。（《彩梦情长》萧心华）

（136）渔船们都朝往同样的方向，那就是：收获和回家。（网络语料 2014-4-8）

叠加形式"往朝""往向""向朝"的使用频率较低，在现代汉语语料检索中偶见用例，如例（58）~（60）所示，重复如下：

（137）可是母亲还是毫无察觉，一个劲往朝秀吉的痛处刺过去。（《双雄罢兵》山冈庄八）

（138）进了大厅，只觉得这里面倒比外面还眩目，摆设当然是比候机厅里还精致，正当中还有一眼泉，变着花样往向外面喷水。（《周洁茹作品集》周洁茹）

（139）摧毁了对方的火力，敌机抖抖机翼在空中盘旋了几圈，又投下几枚炮弹，这才胜利地向朝远处飞走。（《这里的黎明静悄悄》瓦西里耶夫）

表示经由语义的单音节介词"经"和"由"以及二者的叠加形式"经由"的时序关系如下："经"位于运行动词之前，晋、南北朝时期已见（马贝加 2002）：

（140）从阴平由邪径经汉德阳亭趣涪。（《三国志·魏书·邓艾传》陈寿）

（141）郡有旧道，经牦牛中至成都，既平且近。（《三国志·蜀书·张嶷传》陈寿）

"由"出现在运行动词之前而表现出介词的性质，始于先秦时期（马贝加 2002），比如：

（142）水由地中行，江、淮、汉是也。（《孟子·滕文公章句上》）

（143）上自南郡由武关归。（《史记·秦始皇本纪》司马迁）

"经由"见于宋代，比如（马贝加 2002：93）：

（144）（郭力）却经由潭州路过。（《崔待诏生死冤家》冯梦龙）

后代沿用之：

（145）出了巫峡，再经由巴中、巴西地面，都是大江。

（《醒世恒言》冯梦龙）

（146）秋容归，经由城隍祠，被西廊黑判强摄去，逼充御媵。（《聊斋志异》蒲松龄）

表示沿途语义的"顺"和"沿"可以叠加为"顺沿"和"沿顺"。"顺"出现在运行动词前，在汉代之前已有用例，在南北朝时期成为介词，比如（马贝加 2002：106）：

（147）伐苇数百万束，缚作大筏，欲顺流放火，烧败浮桥。（《三国志·吴书·潘璋传》陈寿）

"沿"原为动词，其虚化为介词的第一步也是出现在运行动词之前，在晋、南北朝时期已见用例（马贝加 2002：103）：

（148）而巴汉舟师，沿江东下。（《三国志·吴书·三嗣主传》陈寿）

"顺沿"常出现在现代汉语的语料中，比如：

（149）一只只瓶子沿着传送带依次进入洗瓶区、灌装区、检验区、贴标区、装箱区，又顺沿着旋转滑梯式的转盘进入码垛区。（百度网 2022-12-6）

（150）在广州周末不知道去哪了，跟着我顺沿着地铁线路走。（百度网 2022-11-19）

而"沿顺"的出现频率较低，在现代汉语语料中偶见用例，如例（64）所示，重复如下：

(151) 西面沿顺河道两岸生长的柳树丛啦，小杨树林子啦，都已经湮没在轻纱般的暮霭里了，隐隐约约如画样的柔美、奥妙。（《人民日报》1962-2-24）

"距"和"离"可叠加为"距离"和"离距"。"距"在古汉语中为动词，意为"距离，离开"，在清代小说中，其可位于第一个动词的位置，体现出一定的介词性质，比如：

(152) 距此有百里之遥，属河间府管，地名叫作李家务。（《施公案》）
(153) 济公说："这个人刻下距此有一百八十里路，天要到落日之时，他有杀身之祸。"（《济公全传》郭小亭）

"离"的情况与"距"类似，在古汉语中，表示距离的"离"为动词，在明清小说中，"离"可以出现在第一个动词的位置，从而体现出一定的介词性质：

(154) 比及天明，已在潞河，离家有百十里了。（《二刻拍案惊奇》凌濛初）
(155) 行者道："忑走快了些，我们离家有多少路了？"（《西游记》吴承恩）

"距离"作为介词位于第一个动词的位置，在民国小说中始见用例：

> （156）守仁屯兵的地方，距离此处有八九十里，除非他
> 兵马能够飞行，否则警骑哨巡在三十里外，他一
> 举动咱们先要知道。（《明代宫闱史》许啸天）
> （157）只有渭南上林苑中空地不少，距离咸阳又近。
> （《秦朝野史》黄士衡）

"离距"的使用频率较低，在民国之后的语料和网络语料中偶有出现：

> （158）你看肃州的嘉峪关，离距阿克苏有五千多里路
> 程，现在只在哈密设一处总粮台，如何管的周
> 全？（《清朝秘史》陆士谔）
> （159）这个小村落离距成都只有76公里，走"成白旅
> 游快速通道"的话，很快就到咯。（北京大学
> CCL语料库）

通过具体的语言事实，可以看出，方所类介词叠加产生的时间晚于单音节介词的出现时间。也就是说，单音节介词的存在为介词叠词叠加提供了基础，从而促成了汉语方所类介词叠加的形成。

### 2.3.2　时间类介词及其叠加形式的时序关系

时间类介词叠加包括"自从""从自""从打""打从""打

自""自打""及至""赶到""迨及""迨至""比及""比至"
"投至""投到""方当""会值""当值""临当""临至""临
到""赶趁"等。先看表示时间起点的单音节介词"自""从"
"打"与其叠加形式"自从""从自""从打""打从""打自"
"自打"的时序关系。

　　"自"作为表示时间起点的介词，甲骨文已见，《诗经》中时
有出现（马贝加 2002：107）：


　　　（160）自古有年，今适南亩。（《诗经·小雅·甫田》）

　　　（161）自古在昔，先民有作。（《诗经·商颂·那》）


　　"从"表示时间的起始，汉代之前已见用例（马贝加 2002：
109）：


　　　（162）宣王伐鲁，立孝公，诸侯从是而不睦。（《国语·
　　　　　　　周语上》左丘明）

　　　（163）学业之败也，道术之废也，从此生矣。（《吕氏春
　　　　　　　秋·诬徒》吕不韦）


　　表示时间起始的介词"打"在清代方见用例（马贝加 2002），
比如：


　　　（164）主儿打毛团子似的掇弄到这么大，也不管主儿跟
　　　　　　　前有人使没人使。（《儿女英雄传》文康）

　　　（165）唐括合打今改唐古哈达。（《廿二史札记》赵翼）

表示时间起始的"自从"在汉代之前偶有用例，在南北朝时期使用较多（马贝加 2002：110，111）：

(166) 自从征马去，音信不曾通。(《独处怨》萧纲)

(167) 自从异县同心别，偏恨同时成异节。(《燕歌行》萧绎)

"从自"见于宋金元时期的语料中（马贝加 2002：111）：

(168) 从自斋时，等到日转过，没个人瞅问，酩子里忍饿。(《西厢记诸宫调》董解元)

清代亦有用例：

(169) 从自圣主当阳后，不见中人挂战袍。(《野叟曝言》夏敬渠)

经语料检索，表示时间起始的"从打"出现于清代，比如：

(170) 普明道："我从打七岁进庙里来，直到而今，我今年二十三岁，入庙十六年啦。我跟他学的刀法。"(《大八义》)

(171) 从打你祖父与我祖父，就有了交情，到了你父与我父，又有交情，直到如今，你我二人又是好友，真是三世的朋友啦。(《大八义》)

"打从"表示时间的起始，也出现在清代小说中，比如：

    （172）打从七岁上她爹替她上学，肚子中很已灌足了许
           多经书诗文。（《八仙得道》无垢道人）

    （173）又怜我老夫妇打从你出门之后，终朝思念，几乎
           想出大病。（《八仙得道》无垢道人）

"打自"常出现在现代汉语的小说文体中，比如：

    （174）沙穆顺了顺长发，紧皱的眉头打自一开始就没松
           过。（《天使不翘爱》吕希晨）

    （175）打自"假公主"一事定案以来，在她心目中，秦
           曼玲便一直是个不折不扣的公主。（《郡主和亲》
           左晴雯）

"自打"常出现在清末小说文体中，比如：

    （176）自打上船就看见君山，行了三十余里路，方到飞
           云关下，船不能前进，此处地名叫独龙口。（《小
           五义》）

    （177）自打到了卧虎沟，见沙伯父之后，再有人问，就
           说卧虎沟人氏。（《小五义》）

可以看出，表示时间起始的"自从""从自""从打""打
从""打自""自打"等叠加形式出现的时间晚于或不早于表示时

间起始的单音节介词"自"、"从"和"打"。

表示时间终到点的"及至""赶到""追及""追至""比及""及比""比至""投至""投到"等由单音节时间介词"及""至""赶""到""追""比""投"叠加而成。表示时间的"及"出现于春秋战国时期，后多跟动词性宾语（马贝加 2002：127）：

> （178）及庄公即位，为之请制。（《左传·隐公元年》）
>
> （179）及反，市罢，遂不得履。（《韩非子·外储说左上》韩非）

作为介词的"至"在《诗经》中已有一例（马贝加 2002：131）：

> （180）谁生厉阶，至今为梗。（《诗经·大雅·桑柔》）

"及至"后接名词性宾语，汉代方见用例（马贝加 2002：128）：

> （181）及至秦王，蚕食天下，吞并战国。（《史记·平津侯主父列传》司马迁）
>
> （182）及至后世，淫佚衰微，不能统理群生。（《汉书·董仲舒传》班固）

可见，"及至"的产生晚于单音节时间介词"及"和"至"。

介词"赶"大约在清代产生"至、到"义（马贝加 2002：141）：

> （183）已遣人去了，赶晚就有回信的。（《红楼梦》曹
> 雪芹）
>
> （184）下欠的奴才也催过他们，赶明年麦秋准交。（《儿
> 女英雄传》文康）

"到"表示时间的终到点，汉代已有较多用例（马贝加
2002：134）：

> （185）到景帝时，濞与七国通谋反汉。（《论衡·实知》
> 王充）
>
> （186）到秋马肥，变必起矣。（《汉书·赵充国辛庆忌
> 传》班固）

"赶到"出现于清代（马贝加 2002：141）：

> （187）要赶到人家满了孝，姑老爷这庙还找不出来，那
> 个就对不起人家孩子了！（《儿女英雄传》文康）
>
> （188）赶到明儿你们挤跑了他，这图什么呢？（《七侠五
> 义》石玉昆）

可以看出，"赶到"出现的时间晚于"到"，和"赶"出现
的时间基本一致。"迨"在晋、南北朝及其后可带时间宾语（马
贝加 2002：124）：

(189) 权常游猎，迨暮乃归。(《三国志·吴书·张昭传》陈寿)

(190) 弃逐久枯槁，迨今始开颜。(《构法华寺西亭》柳宗元)

"迨及""迨至"出现在南北朝之后（马贝加 2002：125）：

(191) 迨及暇日，有事还童，不亦皎洁当年，而无怍前修也。(《全梁文》)

(192) 迨至时宁，金彩已尽，于是遍身生癣，痒不可忍。(《冥祥记·明相寺》王琰)

"比"后带动词性宾语，表示动作发生之前已经结束或开始，先秦时期已见（马贝加 2002：129）：

(193) 比葬，又有宠。(《左传·昭公十一年》)

(194) 馈入，召之，比置，三叹。既食，使坐。(《左传·昭公二十八年》)

"比及"见于先秦时期，比如（马贝加 2002：130）：

(195) 比及三年，可使足民。(《论语·先进》)

"及比"只见于元明时期，很少见，在《元典章》和《金瓶梅词话》中仅见 1 例（崔云忠、何洪峰 2022：140），比如：

（196）及比准通例之前告发到官，在先累经务停者，未
　　　审照依前例入务，咨请定夺。（《元典章·刑部》）

"比至"凝固为词出现在东晋时期（马贝加 2002：130）：

（197）比至日中，大雨总至，溪涧盈溢。（《搜神记》
　　　干宝）

"投"表示时间终到点，与"至""到"意义相近，汉代已
有用例（杨伯峻、何乐士 1992）：

（198）涉单车驱上茂陵，投暮，入其里宅，因自匿不见
　　　人。（《汉书·原涉传》班固）

"投"与"至"和"到"的叠加形式"投至"和"投到"在
元曲中时有出现（马贝加 2002：137）：

（199）投至望君回，滴尽多少关山泪。（《双调·潘妃
　　　曲》商挺）
（200）投到安伏下两个小的，收拾了家私，四更出门，
　　　急急走来，早五更过了也。（《元曲选·鲁斋郎》
　　　臧懋循）

表示"正当"语义的"方当""会值""当值"由单音节介
词"方""当""会""值"叠加而成。在先秦汉语中，"方"表

"当，正当"，其用法与介词相似（马贝加 2002：116），比如：

（201）方其梦也，不知其梦也。（《庄子·齐物论》）

（202）方臣之少也，进秉笔，赞为名命。（《国语·晋语》左丘明）

时间介词"当"在先秦时期已经产生，意义相当于"在……时"（马贝加 2002：112），比如：

（203）当今吾不能与晋争。（《左传·襄公十九年》）

（204）当尧之时，水逆行。（《孟子·滕文公下》）

"方当"产生于东汉（马贝加 2002：118），例如：

（205）方当盛汉之隆，愿勉旃，毋多谈。（《汉书·杨敞传》班固）

（206）方当隆宽广问，褒直尽下之时也，而行惨急之诛于谏争之臣，震惊群下，失忠直心。（《汉书·刘辅传》班固）

"会"作为时间介词，在战国末期至汉时期有较多用例（马贝加 2002：119）：

（207）会义渠之事急，寡人日自请太后。（《战国策·秦策》）

（208）会高后病，不能见。（《史记·韩信卢绾列传》司
　　　　马迁）

"值"表示时间，与"会"意义相近，汉代已有较多用例，
汉代之后常见（马贝加 2002：121）：

（209）彪辞曰："尝以汉朝为三公，值世衰乱，不能立
　　　　尺寸之益，若复为魏臣，于国之选，亦不为荣
　　　　也。"（《三国志·魏书·文帝纪》陈寿）

（210）贤子孙世守其业，虽值乱世而不与王室同危，且
　　　　足以树霸。（《天禄阁外史》黄宪）

"会值"见于晋、南北朝时期，比如：

（211）会值其夫聘使邻国，妇密为计，造毒药丸，欲用
　　　　害夫。（《百喻经》求那毗地）

（212）昔为司隶校尉，会值国家丧祸之际，太后承摄，
　　　　何氏辅政。（《三国志·魏书·二公孙陶四张传》
　　　　陈寿）

"当值"也见于晋、南北朝时期（马贝加 2002：122），比如：

（213）度、康当值武皇帝休明之会，合策名之计，夹辅
　　　　汉室。（《三国志·魏书·二公孙陶四张传》陈寿）

后代沿用之：

> （214）若先攻尚，公从广都五十里悉步骑赴之，适当值
> 　　　　其危困，破之必矣。（《百战奇略》刘基）

　　表示时间临近点的"临当""临至""临到"由单音节介词
"临""当""至""到"叠加而成。时间介词"临"萌生于春秋
战国时期，常位于第一个动词的位置，尚具有动词的性质。"临"
表示"接近某一时刻"出现于汉代，比如（马贝加 2002：147）：

> （215）临死谓其父昆莫曰："必以岑娶为太子，无令他
> 　　　　人代之。"（《史记·大宛列传》司马迁）
> （216）视其死亡忽然，人虽有疾，临死啼呼，罪名明
> 　　　　白，天地父母不复救之也。（《太平经》于吉）

　　上文已经指出，时间介词"当"和"至"产生于先秦，"到"
产生于汉代。"临当"出现于东汉时期（马贝加 2002：148）：

> （217）临当入，欧侯氏子死。其母将行卜相，言当大
> 　　　　贵，母独喜。（《汉书·外戚传》班固）
> （218）临当封，吉疾病，上将使人加绋而封之，及其生
> 　　　　存也。（《汉书·魏相丙吉传》班固）

　　"临至"出现于五代时期（马贝加 2002：149）：

（219）临至捉到萧墙外，季布高声殿上闻。（《捉季布传
　　　　文》）

"临到"始见于唐代（马贝加 2002：149）：

（220）平章宅里一栏花，临到开时不在家。（《和令狐相
　　　　公别牡丹》 刘禹锡）

明清小说中亦有用例：

（221）临到危急无路之时，开第三个。（《三国演义》 罗
　　　　贯中）
（222）大英雄是血气男儿，临到将死，还不忘保护胜爷
　　　　他们呢。（《三侠剑》 张杰鑫）

　　表示"时机"语义的"迨及""赶趁"由单音节介词"迨"
"及""赶""趁"叠加而成。表示"利用时机"的"迨"在先秦
汉语中出现于第一个动词的位置，已经具有介词的用法（马贝加
2002：151）：

（223）请迨其未毕济而击之。（《春秋公羊传·僖公元年》）

　　表示"利用时机"的"及"在汉代前后的典籍中较为常见
（马贝加 2002：152）：

（224）及其饮酒也，先伐诸？（《左传·昭公十年》）

（225）及余饰之方壮兮，周流观乎上下。（《楚辞·离
骚》屈原）

表示"时机"的"迨及"在晋、南北朝时期已有用例（马贝
加 2002：151）：

（226）迨及岁未暮，长歌乘我闲。（《长歌行》陆机）

（227）迨及暇日，有事还童，不亦皎洁当年，而无怍前
修也。（《全梁文》严可均）

"赶"作为介词最早见于元曲，比如（马贝加 2002：163）：

（228）赶早把他哈喇了，还是便宜。（《尉迟恭单鞭夺
槊》关汉卿）

"趁"表示"利用时机"的意义，在唐代已较为明显（马贝
加 2002：161）：

（229）月乘残夜出，人趁早凉行。（《早发楚城驿》白
居易）

（230）迎春犁瘦地，趁晚喂羸牛。（《不如来饮酒七首》
白居易）

"赶趁"在元代也已经出现（马贝加 2002：164）：

（231）百姓每耕种要宜赶趁时候，不妨误了他，这便是
　　　　"为之者疾"；……（《鲁斋遗书》许衡）

可以看出，在时间类单音节介词以及叠加形式的时序关系
上，单音节介词出现的时间要么早于其叠加形式，要么与叠加形
式在同一时代出现。和方所类单音节介词情况相同，单音节时间
介词的预先存在为时间类介词叠加提供了基础。

### 2.3.3　非时空类介词及其叠加形式的时序关系

非时空类介词叠加包含"按照""依据""据依""依照""照
依""依仗""依凭""凭依""凭仗""仗凭""任凭""凭任"
"比较""与同""跟同""连同""拿用""因为""为因"等形式。

表示"依据"语义的"按照""依据""据依""依照""照
依"由单音节介词"按""照""依""据"等叠加而成。"按"
在汉代常出现在第一个动词的位置，东汉之后，其后宾语的范围
有了较大的扩展，其介词性质也确定了下来（马贝加 2002：267）：

（232）邵曰："按易卦，山上有水曰蹇。"（《三国志·
　　　　魏书·邓艾传》陈寿）
（233）礼到，案图宜属平原。（《三国志·魏书·孙礼
　　　　传》陈寿）

表示依据的介词"照"最早出现于宋代，比如（马贝加
2002：268）：

(234) 诏川陕官员陈乞磨勘，令宣抚司一面照条例施
　　　行。(《建炎以来系年要录》李心传)

(235) 遇舞队照例特犒。(《梦粱录·元宵》吴自牧)

"依"原为动词，本意为"依靠，倚仗"，后引申出"依据，
依照"之意，并出现在第一个动词的位置，体现出介词的性质，
在战国时期已见用例（马贝加2002：260）：

(236) 依前圣以节中兮，喟凭心而历兹。(《楚辞·离
　　　骚》屈原)

"据"原为动词，本意为"倚恃，依靠"。介词"据"萌芽
于汉代，至晋、南北朝时期已经成形（马贝加2002：263）：

(237) 梁元帝遣使请据旧图以定疆界。(《北史·周本纪
　　　上》李延寿)

(238) 绰曰："据法不当死，臣不敢奉诏。"(《北史·
　　　赵绰传》李延寿)

"按照"作为介词，多见于清代小说：

(239) 本当按照扰乱公堂办理，念你是太师的虞候，权
　　　且饶恕。(《七侠五义》石玉昆)

(240) 朝廷得奏，龙心大怒，立刻下了一道旨意，叫两
　　　广总督按照所参各款，查明复奏，不得徇隐。

（《官场现形记》李伯元）

“依据”出现于晋代以后：

（241）上《官司论》七篇，依据典故，议所因革。（《华
阳国志》常璩）

（242）太常所定仪制，依据三公上仪，其间或有增损，
事体深为折衷。（《唐文拾遗》陆心源）

“据依”的出现频率较低，在近代汉语中偶有用例：

（243）比戊子秋，更订篇目，据依经传，旁罗群籍。
（《古乐经传》李光地）

作为介词的“依照”常出现在第一个动词的位置，见于民国
小说中：

（244）怀王听了，便说道：“依照原约办理！”（《秦朝
野史》黄士衡）

（245）穆宗帝不觉顿足叹息，也流下几滴泪来。一面谕
知司仪局，命依照贵妃礼从丰葬殓。（《明代宫闱
史》许啸天）

“照依”出现于明代，比如（马贝加 2002：269）：

(246) 今要照依东院一般做张佛柜。(《醒世恒言》冯
梦龙)

(247) 照依招子上重重谢你。(《醒世恒言》冯梦龙)

可以看出，"按照""依据""据依""依照""照依"等叠加
形式晚于单音节介词产生的时间。表示"凭借"语义的"依仗"
"依凭""凭依""凭仗""仗凭""任凭""凭任"等形式由
"依""仗""凭""任"等单音节介词叠加而成。其中，"依"在
东汉时期出现在第一个动词的位置，具有介词的性质（马贝加
2002：283）：

(248) 依其权力，赊贷郡国，人莫敢负。(《汉书·货
殖传》班固)

(249) 人家即有灾殃，宜依法禳之。(《宅经》)

"仗"在西汉时期出现在第一个动词的位置，体现出一定的
介词性质，比如（何洪峰2013：191）：

(250) 遂谢车骑人徒，辞，独行仗剑至韩。(《战国策·
韩策二》)

(251) 及项梁渡淮，信杖剑从之。(《史记·淮阴侯列
传》司马迁)

介词"凭"萌生于晋、南北朝时期，在唐代发展成熟（马贝
加2002：280）：

（252）抚军校事尹模凭宠作威。（《晋书·何曾传》房玄龄）

（253）愁极本凭诗遣兴，诗成吟咏转凄凉。（《至后》杜甫）

"任"表"由着，听凭"，出现在第一个动词的位置，在六朝时期已有用例：

（254）任心观书，不为章句之学，其笃行，则信义惠和，意礜如也。（《全梁文》严可均）

（255）吾凡人短才，生长富贵，任情用己，有过不闻。（《全宋文》严可均）

"依仗"的动词性较强，其可以出现在第一个动词的位置，从而体现出一定的介词性质，在清代的文献中已有用例：

（256）再搭这，万恶刁保凶如虎，在外为非胡乱行。欺压良善交恶棍，依仗势力害好人。（《温凉盏鼓词》）

（257）你只顾，依仗权势行残暴，报应循环在眼前。（《温凉盏鼓词》）

"依凭"出现于第一个动词的位置而呈现出一定的介词性，始见于唐代：

（258）名乃三业依凭四仪恭仰。（《续高僧传》释道宣）

（259）访闻近日有矫伪之徒，依凭佛教，诳诱人情。
（《唐文拾遗》陆心源）

"凭依"也见于唐、宋时期：

（260）浑舍惊怕走折趾。凭依婚媾欺官吏，不信令行能
禁止。（《全唐诗》）

（261）故从者凭依其威，妄为寒暑，所至骚扰，人不称
贤。（《涑水记闻》司马光）

"凭仗"见于宋代（马贝加 2002：281）：

（262）溪光自古无人画，凭仗新诗与写成。（《溪光亭》
苏轼）

（263）乐天不是蓬莱客，凭仗西方作主人。（《吊天竺海
月辩师三首》苏轼）

"仗凭"多用作动词，其介词用法使用频率较低，在现代汉
语中偶有出现：

（264）仗凭信件，他接待了她。（《野火春风斗古城》李
英儒）

（265）铁匠徐吉魁，全家五口人，仗凭打铁过活。（《人
民日报》1949-1-22）

"任凭"在明代小说中已有较多用例，比如：

（266）既是不伤人，我只管站起来，任凭你杀就是。
（《三宝太监西洋记》罗懋登）

（267）任生明明听得太尉方才的说话，心生一计，将错就错，只做懵懵不省人事的一般，任凭众人扯扯拽拽，拖至太尉跟前。（《二刻拍案惊奇》凌濛初）

"凭任"的使用频率较低，在现代汉语中偶见用例：

（268）任何领导人，特别是高级负责干部，决不可凭任主观意志办事，以感想代替政策，即使你的动机是好的，这样做也很有害。（《人民日报》1981-3-12）

（269）此地，也是人去楼空，空余烟花旧事，凭任世人传说。（北京大学 CCL 语料库）

可以看出，表示"凭借"语义的单音节介词出现时间早于其介词叠加形式。"比较""与同""跟同""连同""拿用""因为""为因"等介词叠加形式与其单音节介词呈现出相同的时序关系。"比"表示"比较"，最初为动词，当其后出现表示数量的词语时，"比"成为介词，这种情况发生在宋代（马贝加 2002：253）：

（270）问："如此说，则是日比天行迟了一度，月比天行

迟了十三度有奇。"(《朱子语类辑略》张伯行)

"较"在唐代已发展出介词的用法，常出现在"较+名词+形容词"格式中，表示有一定程度（李茜茜、李爱红 2019）：

(271) 白发生偏速，交人不奈何。今朝两鬓上，更较数茎多。(《叹白发》岑参)

(272) 斗闲僧尚闹，较瘦鹤犹肥。(《全唐诗》)

在现代汉语中，"比较"可以用作介词，但仍然呈现出一定的弱动性（单宝顺 2011：52）：

(273) 去年仅计算机进口的数字相当可观，比较 1992 年的总值增加了 45.2%。(北京大学 CCL 语料库)

(274) 突见侍女中有一淡装妇人，年可花信，貌独鲜妍，比较四位公主，色泽不同，恰另有一种的天然丰韵。(《元史演义》蔡东藩)

表示"交与"意义的介词"与"历史悠久，在《诗经》中已有用例（马贝加 2002：189）：

(275) 死生契阔，与子成说。执子之手，与子偕老。(《诗经·小雅·小旻》)

(276) 彼谮人者，谁适与谋？(《诗经·小雅·巷伯》)

"同"用作动词，表"伴随"之意。在唐代史籍的行文叙述中，"同+名词+动词"格式较为常见（马贝加 2002：202）：

> （277）友人陈郡谢俨同丞相义宣反。（《南齐书·刘休传》萧子显）
>
> （278）惠休弟惠朗，善骑马，同桂阳贼叛。（《南齐书·萧惠基传》萧子显）

"与同"见于元明时期（马贝加 2002：204）：

> （279）某奉元帅将令，与同太守陶谦、袁术，合领本部人马，与吕布交战。（《元曲选外编·三战吕布》隋树森）
>
> （280）替他在吴山左畔赁下园亭一所，与同两个朋友做伴读书。（《二刻拍案惊奇》凌濛初）

表示"交与"意义的"跟"在宋元时期可以出现在第一个动词的位置，其真正变为介词发生在明代（赵克诚 1987；向熹 1993），比如（马贝加 2002：208）：

> （281）他说我把他儿子做了观音菩萨的童子，不得常见，跟我为仇，不肯借扇，与我争斗。（《西游记》吴承恩）

"跟同"出现于第一个动词的位置，从而体现出介词的性质，出现在明代，比如：

> （282）裕闻大喜，即时收拾行李，跟同军人上道，来至
> 　　　　营前，忙引入军中，拜见刘牢之。（《两晋秘史》
> 　　　　杨尔增）
>
> （283）跟同井匠张良茂等遵依打井，四处各深四丈五尺
> 　　　　不等，河底未见石骨，止是沙泥，泉水上涌而
> 　　　　止。（《来安县志》）

表示"连带，随同"的"连"出现在第一个动词的位置，最早见于南北朝时期（马贝加 2002：316）：

> （284）又云，尝发所在竹篙，有一官长连根取之，仍当
> 　　　　足。（《世说新语·政事》刘义庆）
>
> （285）萤光连烛动，月影带河流。（《和衡阳王秋夜诗》
> 　　　　张正见）

"连同"在清代小说中较为常见，比如：

> （286）我将接收窝藏西谷的钟阿信、钟阿兴、魏阿加、
> 　　　　李阿家，连同八只船上的船户黄超成等，一并逮
> 　　　　捕，押入县城。（《蓝公案》蓝鼎元）
>
> （287）如拿住盗杯之贼，连同黄三太一并斩首。（《彭公
> 　　　　案》贪梦道人）

表示工具的"拿"在明代小说《金瓶梅》中有较多用例（马贝加 2002：291）：

> （288）吴月娘见西门庆留恋烟花，因使玳安拿马去接。（《金瓶梅》兰陵笑笑生）

> （289）与我旋削了衣服，拿板子打。（《金瓶梅》兰陵笑笑生）

表示工具的"用"在先秦时期已见用例，"用+名词"可出现在动词之前或之后（马贝加 2002：285）：

> （290）执豕于牢，酌之用匏。（《诗经·大雅·公刘》）

> （291）齐氏用戈击公孟。（《左传·昭公二十年》）

"拿用"的出现频率较低，在现代汉语中偶见用例，比如（张谊生 2013：14）：

> （292）案犯只在案发前来过，说明案犯是在几天之内决定动手的，应该说具有偶然性。那么，谁会将拿用性命换来的钱放在没有十分把握的地方呢？（《深度解析长沙"爆头哥"的江湖传说》，2012-1-26，天涯社区）

在先秦汉语中已经出现表示缘由的"因"，这是原因介词"因"的源头（马贝加 2002：298）：

（293）以先祖受命，因时百蛮。（《诗经·大雅·韩奕》）

（294）奄受北国，因以其伯。（《诗经·大雅·韩奕》）

原因介词"为"在《诗经》中已见，"为"的宾语为疑问代词"胡"，介宾倒置（马贝加 2002：295）

（295）微君之故，胡为乎中露？（《诗经·邶风·式微》）

（296）微君之躬，胡为乎泥中？（《诗经·邶风·式微》）

"因为"在宋代发展出近似介词的用法（马贝加 2002：301）：

（297）秀秀道："我因为你，吃郡王打死了。"（《崔待诏生死冤家》冯梦龙）

（298）当初因为你的事起来，你做了老林，怎么还恁木木的！（《金瓶梅》兰陵笑笑生）

"为因"见于明代（马贝加 2002：301）：

（299）为因里役，一时间无处寻屋，央此间邻居范老来说，暂住两三日便去。（《古今小说卷三·新桥市韩五卖春情》冯梦龙）

（300）丈夫说道：为因养赡不周，将小妇人典与他人，典得十五贯身价在此。（《醒世恒言》冯梦龙）

可以看出，表示原因的"因为"和"为因"出现的时间晚于单音节介词"因"和"为"。

非时空类介词叠加形式出现的时间晚于单音节介词出现的时间，或与单音节介词出现的时间大致相同，这一点与方所类和时空类介词叠加的情况相同：单音节介词的预先存在为介词叠加的形成提供了基础。

本章对汉语介词叠加的基本形式和结构范围进行了界定，构建出汉语介词叠加体系。2.1 节将汉语介词叠加视为一种句法现象，将其界定为"一种将两个语义相同或相近的单音节介词紧邻并置的句法过程"，讨论了其在结构、语义和韵律等方面的特点，并将介词叠加与跨越结构层级的介词紧邻共现（比如"介乎于""源自于"等）和由古汉语凝固而来的动-介结构（比如"在于""对于"等）进行了区分。2.2 节根据语义对汉语常用单音节介词进行了分类，探索了汉语中可能存在的介词叠加形式，并将其分为方所类介词叠加、时间类介词叠加和非时空类介词叠加三大类别。本节对汉语中不存在的介词叠加形式及原因进行了初步探讨，指出距离相似性、语义融合度和语义透明度等条件制约着汉语介词叠加的形成。2.3 节根据具体的语言事实，逐一考察了方所类介词叠加、时间类介词叠加和非时空类介词叠加与单音节介词产生的时序关系，证明了单音节介词产生的时间早于介词叠加产生的时间，或与介词叠加产生的时间大致相同。因此，单音节介词的预先存在为介词叠加的形成提供了基础。

# 第 3 章　汉语介词叠加的句法表现及语义特征

本章围绕汉语介词叠加的句法表现和语义特征展开研究，指出汉语介词叠加具有和单音节介词相同的介引功能及语义方面的强化作用。本章明确了汉语介词叠加的句法地位，将其分析为多重支配结构，并采用形式化的手段对汉语介词叠加的结构形式进行清晰的表征。

## 3.1　汉语介词叠加的句法表现

### 3.1.1　方所类介词叠加的句法表现

方所类介词叠加包含"从打""打从""打由""由打""及至""朝向""向朝""朝往""往朝""往向""经由""顺沿""沿顺""距离""离距"等形式。和单音节介词相比，介词叠加在韵律上表现为双音节，不能和单音节动词发生并入现象，也不能出现在动词之后。比如表示方向的单音节介词"向"可以出现在某些单音节动词之后，并与其发生并入现象：

（1）a.（走向）<sub>φ</sub>（成功）<sub>φ</sub>

　　　b.（奔向）<sub>φ</sub>（未来）<sub>φ</sub>

在句法成分上，"向"和名词短语"成功"或"未来"组成介词短语。但在韵律上，单音节介词"向"及单音节动词"走"和"奔"组成韵律短语。也就是说，（1）中的单音节介词"向"和位于其前的单音节动词发生了并入现象。受韵律条件的制约，介词叠加不能和动词发生并入现象，也不能出现在动词之后：

（2）a. ＊走朝向成功

　　　b. ＊奔朝向未来

除了不能发生并入现象之外，介词叠加对其后宾语的音节数量也有要求，比如：

（3）a. 向东走

　　　b. 朝东走

　　　c.？朝向东走

（4）a. 向东边走

　　　b. 朝东边走

　　　c. 朝向东边走

可以看出，单音节介词"朝"和"向"对其宾语的音节数量没有严格的要求，而介词叠加则要求其宾语不能是单音节名词。除了句法位置、发生并入和宾语音节数量要求之外，在同时能够出现单音节介词和介词叠加的句法位置上，介词叠加和单音节介词在语法功能方面无显著差异，比如表示动作始发处的"从"、"打"、"打从"和"从打"均可以介引间接论元：

> （5）a. 从山后面走过来
>
> 　　b. 打山后面走过来
>
> 　　c. 打从山后面走过来
>
> 　　d. 从打山后面走过来

在排除介词宾语音节数量影响之外，"打""由""打由""由打"在介引间接论元方面亦无明显差异，"打由"和"由打"的出现频率较低：

> （6）a. 打外边回来
>
> 　　b. 由外边回来
>
> 　　c. 打由外边回来
>
> 　　d. 由打外边回来

"及至"与单音节介词"及"和"至"的句法分布与使用频率有所不同。历史上作为动词的"至"和"到"出现在动补结构中，其运行意义趋于消失，呈现出介词的性质，比如：

> （7）睢前日得过于魏相，故逃亡至此。(《史记·范睢蔡泽列传》司马迁)（马贝加 2002：57）
>
> （8）其婿为恶风飘到余姚，后数年归焉。(《歙州图经·

洪氏女》）（马贝加 2002：59）

作为地点终到处的"及至"则只能作状语，而且使用频率很低，比如：

(9) 及至一座岭下，百里超忽然叫道："此地有人打架！"（《勇者无敌》秋梦痕）

(10) 及至西内阶下，儿尚胎发未鬀，毵毵垂肩，竟自舆中趋下，投入宪宗怀中。（《明史演义》蔡东藩）

表示方向的介词叠加"朝向""向朝""朝往""往朝""往向"以及单音节介词"朝""向""往"在句法分布和对宾语音节数量要求方面呈现出类似的差异。"朝向""向朝""朝往""往朝""往向"不能与动词发生并入现象，而且其宾语不能是单音节名词。单音节介词"向"可以出现在动词之后，并与动词发生并入现象。单音节介词"朝""向""往"对其宾语的音节数量无明显要求。除此之外，单音节介词"朝""向""往"都是现代汉语中较为常用的方向介词，而在表示方向的介词叠加中，除了"朝向"较为常用之外，"向朝""朝往""往朝""往向"等叠加形式的使用频率均较低，在语料检索中偶见用例。

"经由""顺沿""沿顺""距离""离距"的情况和其他方所类介词叠加相似，除了不能发生并入和对其宾语音节数量有要求之外，介词叠加形式在介引间接论元方面和单音节介词无明显差异。"经由"、"顺沿"和"距离"的使用频率稍高，"沿顺"和"离距"的使用频率较低。

在结构方面，大部分方所类介词叠加允许内部语序进行调整，比如："打从""从打"、"打由""由打"、"朝向""向朝"、"朝往""往朝"、"顺沿""沿顺"、"距离""离距"等，差别在于使用频率。可以看出，介词叠加中的两个单音节介词具有同等的句法地位，介词叠加在本质上属于并列结构。

### 3.1.2　时间类介词叠加的句法表现

时间类介词叠加包括"自从""从自""从打""打从""打自""自打""及至""赶到""追及""追至""比及""比至""投至""投到""方当""会值""当值""临当""临至""临到""赶趁"等形式。和方所类介词叠加的情况相同，和单音节时间介词相比，时间类介词叠加不能与动词发生并入现象，而某些单音节时间介词可以和单音节动词发生并入现象，比如：

> （11）a.（等到）$_\varphi$（明天）$_\varphi$
> b. ＊等赶到明天

时间类介词叠加同样对其后宾语的音节数量有所限制：

> （12）a. 从小
> b. 从小时候起
> c. ＊自从小
> d. 自从小时候起

可以看出，时间类介词叠加同样要求其宾语不能为单音节名词，这是由介词叠加的双音节韵律特征导致的。语法功能方面，时间类介词叠加和单音节时间介词均能够介引时间论元，比如：

（13）a. 从小时候起

　　　b. 自小时候起

　　　c. 自从小时候起

　　　d. 从自小时候起

此外，时间类介词叠加介引时间论元，在句中一般作状语，比如：

（14）及至 19 世纪末，近代化或工业化的历程在发达国家告一段落时，科学又开始了它的第二次革命。（《人民日报》1999-12-10）

（15）郭秀明拉着赵俊贤两个娃的手说："俺这个当支书的对不住你们，赶到明年春上，村里就是借钱也要帮你们盖上房！"（新华社 2001 年 4 月新闻报道）

"迨及""迨至""比及""比至""投至""投到""方当""会值""当值""临当""临至""临到"等叠加形式常出现在古汉语中，"赶趁"出现的频率稍低。这些介词叠加形式介引时间论元，在句中作状语，比如：

（16）迨及暮年，太宗威望隆而羽翼成，太祖且患其逼，而知德昭之不保。（《宋论》王夫之）

（17）迨至晚十一点时，又委臬司恩铭来窥主教会否逃出。（《西巡回銮始末》）

（18）大公封于营丘，比及五世，皆反葬于周。（《礼记》戴圣）

（19）比至阳春，生其余几。（《全宋文》严可均）

（20）投至今日，得见孔目哥哥呵，似那拨云见日，昏镜重磨。（《全元曲》）

（21）动不动便说做官，投到你做官，你做那桑木官，柳木官，这头端着那头掀；吊在河里水判官，丢在房上晒不干。（《全元曲杂剧》）

（22）方当盛汉之隆，愿勉旃，毋多谈。（《汉书·杨敞传》班固）

（23）生甚喜，会值八月中秋，月明如昼。（《萤窗清玩》）

（24）临发，辞后主曰："臣当值圣明，受恩过量，加以疾病在身，常恐一朝陨没，辜负荣遇。……"（《三国志·蜀书·张嶷传》陈寿）

（25）临当上马时，我独与君言。（《送裴十八图南归嵩山二首》李白）

（26）临至捉到萧墙外，季布高声殿上闻。（《捉季布传文》）

（27）临到九月要分娩，心烦意躁如火焚。（《靖江宝卷》）

（28）他们赶趁改革开放的大潮去拼搏，根据国内外市场需求和当地优势，冲破纯农业经济的旧格局……（《福建日报》1992–1–12）

在时间类介词叠加中，某些形式允许内部语序进行改变，比如"自从""从自"、"从打""打从"、"打自""自打"等，这在一定程度上体现出时间类介词叠加的并列性质。

### 3.1.3　非时空类介词叠加的句法表现

非时空类介词叠加包含"按照""依据""据依""依照""照依""依仗""依凭""凭依""凭仗""仗凭""任凭""凭任""比较""与同""跟同""连同""拿用""因为""为因"等形式。由于非时空类介词叠加主要表达依据、凭借、比较、连带、工具、原因等，其不能出现在动词之后，自然无法与动词发生并入现象。此外，双音节的韵律特征同样制约着其宾语的音节数量，比如：

（29）a. 依法处理

　　　b. 依法律处理

　　　c.？依照法处理

　　　d. 依照法律处理

可以看出，单音节介词"依"对宾语的音节数量没有明显的限制，而双音节的介词叠加"依照"要求其宾语不能为单音节名词。原因介词"因为"也呈现出相同的韵律限制：

（30）a. 因此

　　　b. 因这件事

　　　c.？因为此

　　　d. 因为这件事

非时空类介词叠加和非时空类单音节介词的语法功能相同，主要介引依据、凭借、比较、连带、工具、原因类论元，在句中作状语，比如：

(31) 力帆俱乐部的官员还表示，按照协议和实际情况，等 5 月底德乙结束之后，谢晖就可以在力帆"上岗"。(都市快讯 2003-4-2)

(32) 只有历久弥新的文学经典，依仗其绰约风姿，仍旧屹立在讲台上。(《文汇报》2002-2-23)

(33) 比较上届的成绩表，记者发现本届全运会赛艇成绩普遍慢了 10 至 20 秒。(单宝顺 2011：52)

(34) 连同 1990 年已完成的三明市和 18 个县（区），现在全省共有 4 个地（市）、43 个县（区）完成宜林荒山造林任务。(《福建日报》1992-1-28)

(35) 案犯只在案发前来过，说明案犯是在几天之内决定动手的，应该说具有偶然性。那么，谁会将拿用性命换来的钱放在没有十分把握的地方呢？(张谊生 2013：14)

(36) 正因为不堪媒体的炒作，威廉才下定决心"离家出走"。(《都市快报》2003-5-5)

在使用频率方面，"按照""依据""依照""依仗""依凭""凭仗""任凭""连同""因为"等叠加形式的使用频率较高，而"据依""照依""凭依""仗凭""凭任""比较""与同""跟同""拿用""为因"等叠加形式的使用频率较低，在语料检索中偶见用例。

在内部结构方面，某些非时空类介词叠加也允许内部语序更换，比如"依据""据依"、"依照""照依"、"依凭""凭依"、"凭仗""仗凭"、"任凭""凭任"、"因为""为因"等，这在一定程度上也证明了非时空类介词叠加在结构上的并列性特征。

## 3.2  汉语介词叠加的语义特征

### 3.2.1  方所类介词叠加的语义特征

方所类介词叠加"从打""打从""打由""由打""及至""朝向""向朝""朝往""往朝""往向""经由""顺沿""沿顺""距离""离距"等由意义相近的两个单音节介词紧邻并立而成，其语义表现为两个单音节介词语义的叠加。这种语义上的叠加主要表现为意义的强化和精确化。由于汉语单音节介词大多由动词虚化而来，其语义存在不同程度的虚化。介词叠加可以使介词的语义得到强化，这种情况发生在语义相似度较高的两个单音节介词之间。比如单音节方所介词"打"、"从"和"由"在语义上具有较高的相似度，均表示动作的起始点，因此，较之单音节介词，叠加形式"从打""打从""打由""由打"进一步强化了"动作起始点"这一语义特征，比如：

（37）a. 几股挟着黄土的临时泉水从山上冲下来，声势很可怕。（《蚀》茅盾）

b. 几股挟着黄土的临时泉水打从山上冲下来，声势很可怕。

c. 几股挟着黄土的临时泉水从打山上冲下来，声势很可怕。

d. 几股挟着黄土的临时泉水打由山上冲下来，声势很可怕。

e. 几股挟着黄土的临时泉水由打山上冲下来，声势很可怕。

和单音节介词所形成的介词短语"从山上"相比，介词叠加"从打""打从""打由""由打"在韵律上更为充实，所形成的介词短语拥有更大的句法结构，因此进一步凸显了"动作起始点"这一语义特征。表示方向的介词叠加"朝向"、"向朝"、"朝往"、"往朝"、"往向"以及"距离"、"离距"的情况与之类似，单音节介词"朝"、"向"、"往"以及"距"和"离"之间高度的语义相似性使得介词叠加的语义得到了强化。

当表示动作终到处的"及"和"至"位于第一个动词的位置时，它们还是动词，比如（马贝加 2002：54，55）：

（38）公还，及卫，冠于成公之庙……（《左传·襄公九年》）

（39）公如晋，至河乃复。（《左传·定公十三年》）

"及"和"至"体现出介词的性质，是出现在运行动词之后（马贝加 2002：54，56）：

（40）行及芦子关，道逢一人。（《独异志·中部民》

李冗，又作李亢）

（41）败于薛，走至戚。（《史记·高祖本纪》司马迁）

这种具有介词性质的"及"和"至"需要依附运行动词，尚不能独立介引地点论元。叠加形式"及至"在韵律上更为充实，在语义上更为强化，因此可以作为介词独立介引地点论元，充当句子的状语成分，比如例（9）中所举用例，重复如下：

（42）及至一座岭下，百里超忽然叫道："此地有人打架!"（《勇者无敌》秋梦痕）

除了语义强化之外，介词叠加还可以使介词的语义精确化，比如方所介词"经"强调动作的经由处，"由"强调动作的始发处，叠加形式"经由"则同时涵盖动作的经由处和始发处，在语义上更为精确：

（43）a. 上海地铁一号线以市区西南部锦江乐园为起点，经上海体育馆、淮海路北折至人民广场，穿越苏州河到达上海火车站，全长 16.1 公里，沿途设 13 个车站。（《人民日报》1994-12-13）

b. 二十三个比赛和表演项目所需要的各种体育器材，已经由上海、南京、天津、沈阳等地源源运到北京。（《人民日报》1965-8-29）

c. 至此，长江沿岸省市进出口国际集装箱可以经由上海和武汉两地中转。（《人民日报》1987-

1-16）

  d. 从汉口经由老河口、安康（在陕南）再转西北
   各省。（北京大学 CCL 语料库）


  可以看出，上例中的"经"强调动作的经由处，"由"强调
动作的始发处，"经由"同时强调动作的始发处和经由处。又如
"顺"和"沿"都强调人或事物经过的路线，表示位移在某一阶
段进行（齐沪扬 1998），"沿"的［＋线性］语义特征较强，
"顺"的［＋延伸性］语义特征较强，兼表方向（李金晏 2013；
郜峰 2014），比如：


  （44）我们沿着 102 国道向哈尔滨挺进。（《文汇报》
     2001-6-12）

  （45）在"冷月门"前站了一会儿后，他又迈了步，顺
     着"冷月门"前那条小下路，直往前走去。（《血
     海飘香》独孤红）


  从语义上看，例（44）中的"沿着"强调挺进的路线，例
（45）中的"顺着"除了表示运行的路线之外，还表示动作运行的
方向，并具有较强的延伸性。叠加形式"顺沿"则同时表示运行路
线和方向，并且兼具［＋线性］和［＋延伸性］等语义特征，比如：


  （46）蝙蝠洞是顺沿粗粒钾长花岗岩峰林裂隙发展，在
     裂隙洞外侧又加上巨大的崩塌堆叠而成的。（《福
     建天然洞穴的主要类型及其特征》王绍鸿）

（47）　韶赣铁路顺沿高速公路而建，323 国道贯通全境；
未来将有仁深高速公路纵穿境内。（北京大学 CCL
语料库）

在例（46）~（47）中，"顺沿"除了表示动作运行的路线之
外，还表示动作延伸的方向，同时具有［+线性］和［+延伸性］
等语义特征，在语义上更加精确全面。

### 3.2.2　时间类介词叠加的语义特征

和方所类介词叠加相同，时间类介词叠加可以使语义进一步
强化和精确化。如果介词叠加中的两个单音节介词的语义近似程
度高，介词叠加的语义较之单音节介词有所强化，如果单音节介
词在语义方面各有侧重，介词叠加则同时具有两个单音节介词的
语义侧重，在语义方面更精确化。比如，"自从""从自""从
打""打从""打自""自打"等形式由单音节时间介词"自"
"从""打"叠加而成。由于"自""打""从"均为表示起始点
的时间介词，除了在虚化时间和具体搭配方面有所不同之外，三
者在语义上差别不大，因此，叠加形式"自从""从自""从打"
"打从""打自""自打"等在语义方面得到了强化，表义更为具
体。在某些表达中，使用单音节介词和介词叠加在语义和语感上
差别不大，比如：

（48）a. 自小时候起

　　　 b. 从小时候起

　　　 c. 打小时候起

  d. 自从小时候起

  e. 自打小时候起

  但如果介引的时间论元较长，使用介词叠加形式在语义和语感上更为合适，比如：

（49）a.？从小时候被你教训以来

   b.？自小时候被你教训以来

   c.？打小时候被你教训以来

   d. 自从小时候被你教训以来

   e. 自打小时候被你教训以来

  这是因为，介词叠加在句法结构上较之单音节介词更为复杂，具有更为充实的语音形式和语义内容，在时间论元较长的情况下，能够更好地协调句法结构和表达语义。"及至""迨及""迨至""比及""比至""投至""投到""方当""会值""当值""赶趁"等介词叠加形式属于这种情况。在这些叠加形式中，两个单音节介词在语义方面的相似度较高，具有相同的语义侧重，使得介词叠加在语义表达方面得到了强化。

  在"临当""临至""临到""赶到"等叠加形式中，介词叠加所包含的两个单音节介词具有相似的语义内容，但语义侧重点有所不同。因此，介词叠加同时包含两个单音节介词的语义侧重，在语义表达方面更为精确和全面。比如，时间介词"临"侧重时间上的临近，而"当"侧重时间上的"正当"（马贝加 2002：147，112）：

（50）临别，太祖执登手约："东方之事，便以相付。"
（《三国志·魏书·吕布张邈臧洪传》陈寿）

（51）当其贫困时，人莫省视。（《史记·滑稽列传》司
马迁）

"临当"则同时强调时间上的临近和正当（马贝加 2002：
149）：

（52）临当拜，左右皆曰："未晓大将军。"（《资治通鉴》
司马光）

（53）临当见嫁，不知何由，忽然在此。（《太平广记》）

同理，由于时间介词"到"和"至"强调时间的终到点，介
词叠加形式"临到"和"临至"同时强调时间的临近和终到：

（54）大英雄是血气男儿，临到将死，还不忘保护胜爷
他们呢。（《三侠剑》张杰鑫）

（55）二十一日，临至遵化之日，由北京新遣兵部尚书
刘之纶率副将八员、游击十六员、都司十六员、加
之马步兵八千人，编为八营，至距遵化十五里外
立营。（《满文老档》）

又如，时间介词"赶"侧重"时机"，比如：

（56）赵队长听了之后，说："好啊！赶明天有空儿，你

跟他们好好谈谈，让整个社会关注这些问题，只有好处没有坏处。……"（《瑛子事件》洪金文）

(57) 孟凤鸣没有批评他，而是和气地对他说："全义，你倒是挺有表演才能呵！赶将来咱们开文娱会时，你给大家来个节目吧。"（《人民日报》1964-5-22）

侧重"时机"的"赶"和表示时间终到点的"到"叠加而成的"赶到"则同时侧重时间上的"时机"和终到点，比如：

(58) 没买到车票连夜赶路，赶到明天回家祭祖。（百度网 2019-4-2）

(59) 郭秀明拉着赵俊贤两个娃的手说："俺这个当支书的对不住你们，赶到明年春上，村里就是借钱也要帮你们盖上房！"（新华社 2001 年 4 月新闻报道）

### 3.2.3  非时空类介词叠加的语义特征

非时空类介词叠加形式"按照""依据""据依""依照""照依""依仗""依凭""凭依""凭仗""仗凭""任凭""凭任""比较""与同""跟同""连同""拿用""因为""为因"的语义特征跟方所类和时间类介词叠加的语义特征类似：较之非时空类单音节介词，介词叠加在语义上有所强化，表义更加准确全面。如果两个单音节介词之间的语义相似度较高，叠加后的形式在语义上较为强化，比如单音节介词"比"和"较"的语义相似度高，均用来介引比较对象，例如：

（60）a. 粮食产量比去年有所提高。

b. 粮食产量较去年有所提高。

叠加形式"比较"拥有更为充实的语义内容，表现为其具有较强的动词性，尽管其也表现出一定的介词性质（单宝顺 2011：52）：

（61）你原来是西夏人，怪道比较北地女子大不相同。

（62）80 年代的建筑比较我们 50 年代的十大工程，是在众多的建筑当中选出来的。

"任凭""凭任""与同""跟同""连同""拿用""因为""为因"等介词叠加形式属于这种情况，即两个语义相似度高的单音节介词组合为叠加形式，使得介词叠加拥有更为充实的语义内容。这种语义上的高度相似性还表现在两个同义单音节介词可在句中以对举的形式共现，比如：

（63）海阔凭鱼跃，天高任鸟飞。（《诗话总龟前集》阮阅）

（64）他不为个人荣誉地位而奋斗，不因艰辛困难而退缩。（百度网 2019-11-20）

语义强化还体现在介词叠加具有较强的动词性，除了"比较"之外，还有"拿用""任凭"等，比如：

（65）他作为答复，拿用一张像片给我看。（《人民日报》1949-2-17）

      （66）贼人你们既然捉住了我，该杀该剐任凭你们。

             （《彭公案》贪梦道人）

    如果两个意义相近的单音节介词在语义上各有侧重，介词叠加则同时包含这两种语义侧重，在语义上更为全面，表达更为精确。比如"按"强调"依据准则执行"，"照"则强调"原封不动地执行"，例如：

      （67）作为国家公职人员，对工作认真负责，讲原则、

           按规章制度办事、遵纪守法，是最基本的素质。

           （《人民日报》1996-6-26）

      （68）他就把社员要买的东西先拿回一个样子来，在征求

           社员意见后，再照样子办货。（《人民日报》1953-

           10-13）

"按照"则同时侧重"依据准则"和"原封不动"，比如：

      （69）修缮工作将完全按照"修旧如旧"的原则来进行。

           （《人民日报》海外版2002-8-7）

      （70）对于自己的亲属朋友，他们也都坚持按照原则办

           事，从来不徇私情。（《人民日报》1964-1-25）

又如，"依"强调"听从，顺从"，"据"侧重"凭借"，比如：

      （71）对破坏农村社会治安和农业生产的刑事犯罪案件，

该市两级法院则依法"从快从严"予以打击。

（《福建日报》1994-4-10）

（72）对造林绿化必须坚持检查验收，据实上报，这要形成一项严格制度。（《人民日报》1989-2-22）

"依据"则同时具有"听从"、"顺从"和"凭借"等含义，比如：

（73）他们严格依据规章制度对税收征、退、减、免，保证金收、退、转等各个环节重点管理，足额征收，保证税收任务的完成。（《人民日报》1998-7-17）

（74）党校学习阶段，依据学员考核办法，确定培养对象学习期间综合得分。（《人民日报》2018-1-8）

"据依""依照""照依""依仗""依凭""凭依""凭仗""仗凭"等叠加形式属于这种情况，即意义相近的两个单音节介词在语义方面各有侧重，介词叠加在语义上同时具有两个单音节介词的语义侧重，语义上更为全面，表义更为精确。

## 3.3　汉语介词叠加的句法地位及结构表征

### 3.3.1　汉语介词叠加的句法地位

我们在探讨汉语介词叠加的句法表现时指出，介词叠加属于并列结构，表现为介词叠加所包含的两个单音节介词具有相同的句法地位，某些介词叠加允许内部单音节介词的语序进行调整，比如"打从""从打"、"打由""由打"、"朝向""向朝"、"朝往""往朝"、"顺沿""沿顺"、"距离""离距"、"自从""从自"、"打自""自打"、"依据""据依"、"依照""照依"、"依凭""凭依"、"凭仗""仗凭"、"任凭""凭任"、"因为""为因"等，区别在于使用频率和语体风格等。在语法功能方面，介词叠加和单音节介词相同，均为句子介引间接论元，比如：

（75）a. 从小的时候

　　　b. 自小的时候

　　　c. 自从小的时候

可以看出，介词叠加"自从"与单音节介词"自"和"从"的语法功能相同，均与其后的名词短语形成介词短语。在介词叠加与名词短语所形成的介词短语内部，单音节介词"自"和"从"共同支配其后的名词短语，这种句法关系可以表示为：

（76）[PP [P自从][DP小的时候]]

可以看出，在介词叠加"自从"内部，单音节介词"自"和"从"对名词短语"小的时候"同时具有支配作用，两个单音节介词之间无支配关系。从另一个角度来说，名词短语"小的时候"作为宾语为单音节介词"自"和"从"共享。在生成语法领域，基于共同支配关系的论元共享结构通常被视为多重支配结构。和其他类型的句法结构一样,多重支配结构被某些学者视为一种在自然语言中普遍存在的结构类型(Goodall 1987;Moltmann 1992;Citko 2000,2011a,2011b;Wilder 1999,2008;Gračanin-Yuksek 2007,2013;Johnson 2012,2018;Citko and Gračanin-Yuksek 2020),比如:

(77) Pat reviewed and Chris edited a paper by a famous linguist.　　　　　　　　(Citko and Gračanin-Yuksek 2020:3)

在例(77)中,动词"reviewed"和"edited"为并列关系,二者共同支配其后的名词短语"a paper"。也就是说,名词短语"a paper"作为宾语为动词"reviewed"和"edited"所共享,并同时接受来自这两个动词所指派的语义角色。因此,"Pat reviewed and Chris edited a paper"在句法上属于多重支配结构。

介词叠加与其宾语之间也体现出多重支配性结构关系。以介宾结构 [PP [P 自从] [DP 小的时候]] 为例,介词叠加"自从"为并列结构,其中的单音节介词"自"和"从"共同支配其后的名词短语"小的时候"。和动词并列不同的是,介词叠加结构中没有显性的并列连词,而且部分介词叠加在形式上已经凝固,内部语序不能随意调换。但在结构关系上,介词叠加中的两个单音节介词相互并列,具有相同的句法地位。从介词宾语的角度来说,名词短语"小的时候"被单音节介词"自"和"从"所共享,并同时接受二者所指派的语义角色。介词叠加中的语义强化与叠加也在这种多种支配性的结构关系中实现。因此,汉语介词叠加在结构上属于多重支配结构,结构中的两个单音节介词相互并列，共同支配其后的名词短语。

### 3.3.2　汉语介词叠加的结构表征

上节指出，汉语介词叠加属于多重支配结构，介词叠加中的两个单音节介词共同支配其后的名词短语。体现在结构上，两个单音节介词分别与名词短语构成介宾结构，两个介宾结构相互独立，在树形图上部分交叉。还以介宾结构 [PP [P 自从] [DP 小的时候]] 为例，两个单音节介词与名词短语所形成的介宾结构如图 3-1 所示：

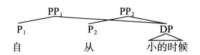

**图 3-1　两个相互独立的单音节介宾结构**

单音节介词"自"和"从"与名词短语"小的时候"分别形成介宾结构 PP$_1$ 和 PP$_2$。PP$_1$ 和 PP$_2$ 相互独立，二者之间无支配关系，在树形图上部分交叉。需要指出的是，树形图中的交叉并不违反合并的二元限制条件，因此推导合法（Citko and Gračanin-Yuksek 2020）。由于单音节介词在结构上直接支配名词短语"小的时候"，"自"和"从"分别向其宾语指派格和语义角色。正是由于这种语义角色的双重指派，介词叠加"自从"在语义方面较之单音节介词"自"或"从"更为强化。

介词叠加中的两个单音节介词之间为并列关系，这种关系同样需要在树形结构中表现出来。由于介词叠加中的并列关系不像动词并列结构那样需要显性的并列连词，这种隐性的并列关系可以用并列投射 CoP（Coordination Projection）进行表示。我们按照 Zhang（2006，2009）的主张，将涉及汉语介词叠加的 CoP 结构表示如图 3-2：

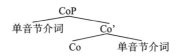

**图 3-2　CoP 结构示意**

CoP 投射按照传统的 X-bar 结构图式进行搭建，介词叠加结构中的两个单音节介词分别位于 CoP 中的标识语和补语位置，Co 为隐性的并列中心语，旨在维系介词叠加中的并列结构关系。在单音节介词的句法表征方面，我们将其简单处理为一种 PP 投射，具体结构模式表示如图 3-3：

**图 3-3　汉语单音节介词结构示意**

PP 为介词短语，P 为介词中心语，该位置容纳汉语单音节介词，DP 为介词宾语，P 向 DP 指派语义角色。在整合多重支配结构模式、CoP 投射和汉语单音节介词结构的基础上，我们把具有多重支配性句法地位的汉语介词叠加的句法结构表征如图 3-4 所示：

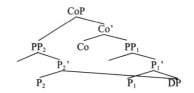

**图 3-4　汉语介词叠加结构示意**

如图 3-4 所示，单音节介词 $P_1$ 和 $P_2$ 共同支配名词短语 DP，同时向其指派格和语义角色，并形成多重支配结构。$PP_1$ 和 $PP_2$

分别位于并列投射 CoP 的补语和标识语位置，二者构成并列关系。

　　本章探索了汉语介词叠加的句法语义特征，明确了汉语介词叠加的句法地位，并使用形式化的手段对其结构形式进行表征。3.1 节依次探索了汉语方所类、时间类和非时空类介词叠加的句法特征，指出介词叠加的双音节特征使其无法与单音节动词发生并入现象，对宾语的音节长度也有要求。某些介词叠加允许内部单音节介词的语序发生变化，证明了其属于并列结构。在语法功能上，介词叠加与单音节介词一致，均为句子介引间接论元。3.2 节依次对汉语中的三类介词叠加的语义特征展开研究，指出如果两个单音节介词之间的语义相似度较高，叠加形式的语义将得到强化；如果两个单音节介词的语义各有侧重，叠加形式则兼具不同的语义侧重，在表义方面更为全面精确。3.3 节首先探讨汉语介词叠加的句法地位，指出介词叠加中的两个单音节介词同时支配作为宾语的名词短语，并向其指派格和语义角色，汉语介词叠加在句法上属于多重支配结构。在整合多重支配结构、CoP 投射和介词投射的基础上，本节采用形式化的手段勾勒出汉语介词叠加的结构表征。

# 第4章　汉语介词叠加的生成机制及形成动因

本章首先对语言思维的心智运算方式进行研究，明确词汇项目的心理浮现方式与工作空间中的多重推导模式。在此基础上，本章在多重支配的框架下对汉语介词叠加的生成机制展开研究，并从结构协调、语用强调、语义强化、韵律平衡等方面为介词叠加的形成动因进行了诠释。

## 4.1　语言思维的心智运算方式

### 4.1.1　词汇项目的心理浮现

生成语法认为，自然语言使用者所掌握的全部词汇项目存储在其大脑的心智词库中，参与生成语言表达式的词汇项目被运算系统提取出来，形成词汇序列（LA），为句法推导提供必要的词汇基础。比如，在生成句子"John does not like syntax"之前，心智词库中的词汇项目"John""do""not""like""syntax"以及功能性的 $v$、T、C 等被运算系统提取出来，形成词汇序列 LA =

{John, do, not, like, syntax, $v$, T, C}，为后续的句法运算做准备。从另一个角度来讲，参与句法运算的词汇项目从心智词库中浮现出来，组成句法推导所必需的词汇序列，用以进行句法运算。词汇项目从心智词库中浮现并组成词汇序列，用以进行句法运算的过程可以视为一种心理浮现（mental emergence）的过程。我们以句子"John does not like syntax"为例来揭示词汇项目的心理浮现和句法推导过程。首先，在自然语言使用者的大脑中，生成句子所必需的词汇项目"John""do""not""like""syntax""$v$""T""C"等从心智词库中浮现出来，形成词汇序列 LA = {John, do, not, like, syntax, $v$, T, C}，这一过程表示如下：

（1）a. 心智词库 = {大脑中的所有词汇项目}

　　 b. 词汇序列 LA = {John, do, not, like, syntax, $v$, T, C}

　　 c. 工作空间 = Ø

在（1）中，心智词库包含语言使用者大脑中所有被存储的词汇项目，包含词汇性的（如动词、名词、形容词等）和功能性的（如 $v$、T、C 等）。生成句子所必需的词汇项目从心智词库中浮现出来，形成词汇序列 LA = {John, do, not, like, syntax, $v$, T, C}。句法运算在工作空间中进行。在运算的初始阶段，词汇项目尚未进行句法运算，工作空间为空（用"Ø"表示）。

在进行句法运算时，词汇序列中的词汇项目依次进入工作空间，逐步搭建句子结构。随着句法运算的进行，词汇序列中的词汇项目依次减少。当句子完全生成时，词汇序列中所有的词汇项

目均已参与句法运算，词汇序列成为空集。比如在形成动词结构
"not like syntax" 的过程中，词汇序列中的词汇项目 "like" "syntax" "not" "$v$" 依次进入工作空间，经合并生成轻动词结构 $v$P，
词汇序列 LA 变为 {John，do，T，C}，这一过程简要表示如下：

（2）a. 词汇序列 LA = {John，do，T，C}

b. 工作空间 = $[ _{v\text{P}}\ v\ [ _{\text{VP}}\ \text{not like}\ [ _{\text{NP}}\ \text{syntax} ] ] ]$

随后，词汇项目 "T"、"do"、"John" 和 "C" 依次进入工作空间，经合并并依次生成 TP 和 CP 结构。当句子 "John does not like syntax" 推导完成时，词汇序列中的词汇项目数量为零，这一过程简要表示如下：

（3）a. 词汇序列 LA = {Ø}

b. 工作空间 = $[ _{\text{CP}}\ \text{C}\ [ _{\text{TP}}\ \text{John T}\ [ _{v\text{P}}\ v\ [ _{\text{VP}}\ \text{not like}\ [ _{\text{NP}}$
$\text{syntax} ] ] ] ] ]$

在这一阶段，所有的词汇项目均已参与句法运算，词汇序列变为空集。从句子的生成过程可以看出，心智词库中词汇项目的心理浮现是词汇序列形成的前提条件，为后续句法运算提供了必需的词汇基础。

### 4.1.2　心理浮现与多重支配

在句法运算之前，词汇项目的心理浮现形成词汇序列，为句法运算提供必需的词汇基础。词汇项目的心理浮现还可以出现在

句法推导的过程中，以平行合并的方式参与句法运算。我们在第2章中指出，平行合并是生成多重支配结构的操作要件，该操作会导致工作空间中多重推导式的形成。也就是说，词汇项目的心理浮现可以增加工作空间中推导式的数量，从而生成多重支配结构。多数情况下，词汇项目的心理浮现在句法推导之前一次性完成，为句法运算提供必需的词汇项目，这符合句法运算的经济原则（Economy Principle）。句法运算过程中的心理浮现需要满足一定的条件。语言中大量同义词和近义词的存在为句法运算过程中的心理浮现提供了基础。在句法运算的过程中，当词汇序列中的某一词汇项目进入句法运算的时候，与该词汇项目意义相同或相近的词汇项目会竞相浮现在词汇序列中，为句法运算提供更多的选择。受到语义、韵律或语体等因素的驱动，运算系统会再选择另外一个与该词汇项目意义相近的词汇项目，令其以平行合并的方式直接参与句法运算，生成多重支配结构。假设词汇项目 A、B 和 C 从语言使用者的心智词库中浮现出来，形成词汇序列 LA = {A，B，C}，为句法运算提供词汇基础，这一过程简要表示为：

$\quad\quad$（4）a. 词汇序列 LA = {A，B，C}

$\quad\quad\quad\quad$ b. 工作空间 = $\emptyset$

$\quad$运算系统首先从词汇序列中提取 A 和 B，通过外部合并生成 {A，B}，词汇序列变为 LA = {C}，工作空间中仅存在一个集合 {A，B}，这一过程表示如下：

$\quad\quad$（5）a. 外部合并 A 和 B = {A，B}

b. 词汇序列 LA = ｛C｝

c.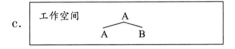

　　当 A 与 B 之间的外部合并完成时，心智词库中与 A 意义相近的词汇项目 A'浮现于词汇序列中，词汇序列 LA 变为｛A'，C｝，这一过程表示如下：

（6）a. 心理浮现 A'

　　　b. 词汇序列 LA = ｛A'，C｝

　　　c.

　　随后，词汇项目 A'以平行合并的方式与 B 合并（用虚线表示），形成 ｛｛A'，B｝，｛A，B｝｝，词汇序列 LA 变为｛C｝。由于此时工作空间中存在两个集合（｛A'，B｝和｛A，B｝），较之前一阶段的集合数量增加了一个，工作空间中形成两个推导式，这一过程表示如下：

（7）a. 平行合并 A'和 B = ｛｛A'，B｝，｛A，B｝｝

　　　b. 词汇序列 LA = ｛C｝

　　　c.

　　在这一过程中，平行合并导致多重支配结构的生成：词汇项目 A 和 A' 共同支配 B，形成两个互不支配的投射。接下来，词汇序列中的词汇项目 C 进入句法推导，与 A 进行外部合并，生成 {{C，{A，B}}}。此时，词汇序列中词汇项目的数量为零，工作空间中仍然存在两个推导式。这一过程表示如下：

（8）a. 外部合并 C 与 A = {{C，{A，B}}}

　　　b. 词汇序列 LA = {Ø}

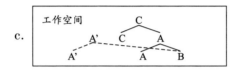

　　　c.

最后，A' 与 C 进行外部合并，生成 {{A，B}，{C，{A，B}}}。此时，词汇序列中词汇项目的数量仍然为零，工作空间中只剩下一个推导式，句法推导完成，这一过程表示如下：

（9）a. 外部合并 A' 与 C = {{A，B}，{C，{A，B}}}

　　　b. 词汇序列 LA = {Ø}

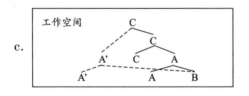

　　　c.

可以看出，在句法推导之前，心智词库中词汇项目的心理浮现形成了词汇序列的初始阶段，为句法推导提供必需的词汇基础。在句法推导的过程中，与工作空间中词汇项目意义相近的另一个词汇项目浮现于词汇序列中，并以平行合并的方式进入句法推导，在工作空间中形成新的推导式，从而导致多重支配结构的产生。因此，词汇项目的心理浮现既是初始运算的前提条件，也是多重支配结构生成的可能路径之一。

## 4.2　汉语介词叠加的生成机制

### 4.2.1　语义兼容与单音节介词的心理浮现

我们在上一节中指出，词汇项目的心理浮现既是句法运算的前提基础，也是多重支配结构生成的可能路径。词汇项目之间的语义相似度为词汇项目在句法运算过程中的浮现提供了心理基础。同义和近义单音节介词之间的语义相似度较高，在语义上兼容，容易在句法运算的过程中发生心理浮现。当词汇序列中的单音节介词参与句法运算、介引论元的时候，心智词库中拥有同义或近义的单音节介词会浮现于词汇序列中，为句法运算提供更多的词汇选项。比如，当以现代汉语为母语的语言使用者选择单音节介词"自"介引论元的时候，与之意义相近的单音节介词"从""打"等会在句法运算的过程中竞相浮现于词汇序列，为论元的选择提供更多的中心语选项。由于现代汉语的双音节介词韵律特性，另外一个与"自"语义兼容的单音节介词"从"或"打"浮现于词汇序列中，以平行合并的方式与论元合并，从而形成"从自"或"打自"等介词叠加形式。语义彼此兼容的词汇项目在句法运算过程中的竞相浮现还可以在具体的语言事实中找到例证。由于双音化是现代汉语的韵律特征，汉语介词叠加在很大程度上表现为两个单音节介词的紧邻并立，形成双音节叠加形式。汉语史上存在少量的三音节介词叠加，表现为三个意义相同或相近的单音节介词紧邻并立，比如表示时间终到点的单音节介词"投"、"至"和"到"可以形成三音节叠加形式"投至到"，比如（马贝加 2002：137）：

（10）恨天涯，空流落，投至到玉门关外，我则怕老了班超。（《元曲选·荐福碑》臧懋循）

在古汉语中，近义单音节介词"投"、"至"和"到"均可独立介引时间论元。当语言使用者选择单音节介词"到"介引时间论元时，与之意义相近的单音节介词"至"和"到"同时浮现于词汇序列中，通过平行合并的方式形成三音节叠加形式"投至到"。由于双音化是汉语词汇发展的一大潮流，加上另外两个近义单音节介词的平行合并会形成更为复杂的多重支配结构，造成运算负担，三音节介词叠加形式数量极少。另外，语言使用者在交际过程中的语用失误也能导致三音节介词叠加形式的产生，比如（张谊生 2013：13-14）：

（11）这几个字无疑是从自打世界上有了偶像剧这玩意儿以来，最经典也最老土的一个题材。（《夏日与春天的一次杂糅》，《新闻晨报》2004-8-2）

（12）爱情是千古不变的话题，打从自有了男人女人开始，爱情的话题就没离开过我们的生活。（《爱是什么》2009-3-7 酷我音乐空间）

（13）岑媛媛说，从打自她第一眼看见我，她就说跟定

我了。我当时爆汗，谁知，"跟定我"的意思是要当我的跟班。（《小时候的爱情》2009-11-9聚星中文网）

（14）普一出世即开天眼，打从自呱呱落地那一刻，张开眼第一个看见的既不是自家父母亲戚，也不是接生的医生护士，而是一群不得超生徘徊人间的孤魂野鬼。（《血奴》2008-12-22炫浪网）

近义单音节介词"从"、"打"和"自"均可介引时间论元。通常情况下，受汉语双音化的韵律制约，一个单音节介词在句法运算的过程中浮现于词汇序列，以平行合并的方式参与运算，形成"自从""从自""从打""打从""打自""自打"等双音节叠加形式。在少数情况下，语言使用者没有遵循汉语双音化的韵律制约，在词汇序列中浮现出另外两个单音节介词，并以平行合并的方式参与句法运算，生成"从自打""自从打""打从自""从打自"等接受度较低的三音节介词叠加形式。三音节介词叠加的生成违背了汉语双音化的韵律特征，增加了句法运算的负担，本质上是一种语用失误。类似的例子还有表示依据的单音节介词"按""照""依"在语用失误的情况下可形成"按依照""依按照"等形式（张谊生2013：13，14）：

（15）按通行的做法，首先应当按依照注册会计师法，注册成为中国的注册会计师，再按照规定的条件设立事务所，然后才能执业。[《加拿大注册会计师行业管理考察报告》，《会计之友》（下旬刊）2006年第

8 期〕

（16）我公司有两名员工因不能适应公司发展方向，现
　　　公司想调动其工作岗位另聘新人，请问如何依法
　　　调动其工作岗位？（《如何依按照劳动合同法调动
　　　不适应公司发展员工的工作岗位》2011-8-31 江
　　　阴人才网）

尽管三音节介词叠加出现的频率不高，属于一种语用失误，
这种形式的实际存在为词汇项目在句法运算过程中的心理浮现并
参与句法运算提供了语料上的佐证。

### 4.2.2　平行合并与介词叠加的生成过程

词汇项目在句法推导过程中的心理浮现为句法运算提供了更多
的词汇选项，为多重支配结构的生成提供了一条可能的路径。在这
一过程中，平行合并起着至关重要的作用。由于介词叠加属于多重
支配结构，单音节介词在句法推导过程中的心理浮现和平行合并为
汉语介词叠加的形成提供了条件。以叠加形式介词短语"自从小的
时候"为例，该介词短语包含介词叠加形式"自从"和名词短语
"小的时候"，介词叠加"自从"则包含单音节介词"自"和
"从"。假设语言使用者首先选择单音节介词"从"和名词短语
"小的时候"，将二者合并形成介词短语"从小的时候"。为了方便
讨论，我们假设名词短语"小的时候"整体作为一个词汇项目位于
词汇序列中。也就是说，我们假设词汇项目"从"和"小的时候"
从语言使用者的心智词库中浮现出来，形成词汇序列 LA = ｛从，
小的时候｝，作为句法运算的词汇基础。这一过程表示如下：

（17）a. 心理浮现＝从，小的时候

　　　b. 词汇序列 LA ＝ ｛从，小的时候｝

　　　c. 工作空间＝Ø

　　运算系统将词汇项目"从"和"小的时候"从词汇序列中提取出来，将二者在工作空间中外部合并为介词短语"从小的时候"，工作空间中的集合数量为 1，词汇序列中的词汇项目数量减少为零。这一过程表示如下：

（18）a. 外部合并"从"和"小的时候"＝ ｛从，小的时候｝

　　　b. 词汇序列 LA ＝ ｛Ø｝

　　　c.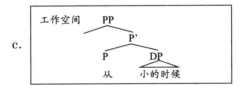

　　单音节介词"从"和名词短语"小的时候"所形成的介词短语按照传统的 X-bar 图示进行结构搭建，形成一个单音节介词投射。二者之间的外部合并涉及 P 和 DP 两个句法位置，定义为 <PP，P'，DP> 和 <PP，P'，P>，符合合并运算的二元限制条件。在单音节介词"从"与名词短语"小的时候"合并的时候，与"从"意义相近的单音节介词"自""打"等竞相从心智词库中浮现出来，等待进入词汇序列，为后续的句法运算提供更多的词汇选项。如果这些近义单音节介词没有被语言使用者选择，句法推导就此终结，工作空间中生成单音节介词短语"从小的时候"。

出于语义、韵律和结构等方面因素的考虑，语言使用者可能选择另外一个单音节介词"自"或"打"，使其首先浮现在词汇序列中，并令其以平行合并的方式进入后续句法运算（用虚线表示），在工作空间中形成多重支配结构，以单音节介词"自"为例：

(19) a. 心里浮现 = 自

　　　b. 词汇序列 LA = ｛自｝

　　　c. 词汇序列 LA = ｛Ø｝

　　　d.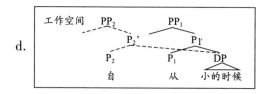

单音节介词"自"与名词短语"小的时候"之间的平行合并涉及 $P_2$ 和 DP 两个句法位置，定义为 $<PP_2，P_2'，DP>$ 和 $<PP_2，P_2'，P_2>$，符合合并运算的二元限制原则。在这一阶段，工作空间中形成两个集合｛自，小的时候｝和｛从，小的时候｝，集合数量较之上一阶段增加了 1。根据第 2 章 2.2 的论述，当工作空间中的集合数量较之前一阶段有所增加时，将会形成新的句法推导。此时，工作空间中存在 $PP_1$ 和 $PP_2$ 两个句法推导，并形成了多重支配结构。单音节介词"自"和"从"共同支配名词短语"小的时候"，并分别向其指派格和语义角色。由于单音节介词"自"和"从"分别在各自的句法推导中向名词短语"小的时候"指派语义角色，该名词短语在每个句法推导中仅获得一个语义角色，符合题元准则的基本要求。由于汉语介词叠加属于并列结构，根据并列结构的 X-bar 图示，我们假设 $PP_1$ 和 $PP_2$ 分别合并于隐性 CoP 投射（用点线表示）的补语位置和标识语位置。这一过程表示如下：

（20）a. 词汇序列 LA =｛∅｝

　　　b. PP₁ 和 PP₂ 并列

c.

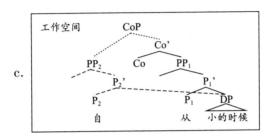

　　在这一阶段，句法运算完成。PP₁ 与 Co 之间的外部合并涉及 Co 和 PP₁ 两个句法位置，定义为<CoP，Co'，PP₁>和<CoP，Co'，Co>。PP₂ 与 Co' 之间的外部合并涉及 PP₂ 和 Co' 两个句法位置，定义为<CoP，Co'>和<CoP，PP₂>。这两个合并操作均符合合并运算的二元限制原则。在隐性并列投射 CoP 结构中，单音节介词"自"非对称性成分统制单音节介词"从"和名词短语"小的时候"，而单音节介词"从"非对称性成分统制名词短语"小的时候"，根据线性对应定理（Kayne 1994），"自"居前于"从"和"小的时候"，"从"居前于"小的时候"，按照多重支配结构线性化的整合规则（Citko 2011a），该结构终端节点的线性化序列为"自从小的时候"，形成了"自从"这一表层线性语序。单音节介词"自"和"从"紧邻共现，共同介引其后的名词性成分，从而形成了"自从"介词叠加形式。汉语双音节介词叠加的生成按照该模式进行。

除了双音节介词叠加，我们还注意到，汉语中存在少量的三音节介词叠加形式，比如古汉语中的"投至到"，现代汉语中的"从自打""自从打""打从自""从打自""按依照""依按照"等。这些叠加形式数量较少，并且接受度较低，尤其是现代汉语语料中出现的三音节介词叠加形式，大多是语用失误的产物。这些三音节介词的生成过程和双音节介词叠加类似，只是在生成过程和句法构造方面更为复杂。三音节介词叠加内部的三个单音节介词具有相近的语义内容，拥有相同的句法地位，整个三音节叠加形式属于并列结构。我们在第4章4.3用隐性并列投射CoP勾勒出汉语双音节介词叠加的结构形式，指出两个单音节介词分别位于CoP投射的补语和标识语位置。由于三音节叠加形式中的三个单音节介词彼此并列，我们使用CoP投射套嵌的方式表征其句法结构：

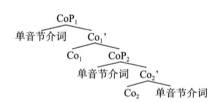

**图4-1    汉语三音节介词叠加结构示意**

在结构上，隐性并列投射CoP分裂为两个并列投射$CoP_1$和$CoP_2$，前者选择后者。三个单音节介词分别位于$CoP_1$的标识语位置、$CoP_2$的标识语位置和补语位置。单音节介词仍然以PP投射的形式参与句法运算。我们以现代汉语语料中出现的"自从打"为例，逐步揭示汉语三音节介词叠加的生成过程。

假设语言使用者最初想表达"打小时候起"这样的介词短语。为了方便讨论，我们将"小时候起"分析为一个名词短语

DP，对其内部结构不做分析。在生成介词短语"打小时候起"之前，词汇项目"打"和"小时候起"从心智词库中浮现出来，形成词汇序列 LA = ｛打，小时候起｝，为句法运算提供词汇基础。这一过程表示如下：

（21） a. 心理浮现 = 打，小时候起

　　　 b. 词汇序列 LA = ｛打，小时候起｝

　　　 c. 工作空间 = Ø

运算系统将词汇项目"打"和"小时候起"从词汇序列中提取出来，经外部合并生成介词短语"打小时候起"。此时，工作空间中的集合数量为 1，词汇序列中词汇项目的数量为 0，这一过程表示如下：

（22） a. 外部合并"打"和"小时候起" = ｛打，小时候起｝

　　　 b. 词汇序列 LA = ｛Ø｝

　　　 c.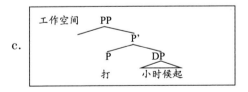

单音节介词"打"和名词短语"小时候起"合并为一个介词短语 PP，"打"为中心语。本次合并涉及两个句法位置：P 和 DP，分别定义为<PP，P'，DP>和<PP，P'，P>，符合合并运算的二元限制原则。当单音节介词与名词短语"小时候起"合并的

时候，与"打"意义相近的单音节介词"从"和"自"从语言使用者的心智词库中竞相浮现，为句法运算提供更多的词汇选项。如果这些近义单音节介词没有被语言使用者选择（即没有进入词汇序列），这一阶段的句法推导就此完结，句法运算所生成的是一个单音节的介词短语"打小时候起"。在汉语双音化的韵律制约下，语言使用者可能再次选择另外一个近义单音节介词"从"，令其进入词汇序列并以平行合并的方式参与后续的句法运算。在这种情况下，句法运算将生成双音节介词叠加形式"自打"（具体生成过程与上文讨论的"自从"一致）。在少数情况下，受语言环境、教育背景、表达习惯和精神压力等外部因素的影响，语言使用者未能遵守汉语双音化的韵律制约，从而再次选择另外两个近义单音节介词"从"和"自"进入词汇序列，并允许其以平行合并的方式参与后续的句法运算，这一过程表示如下：

（23）a. 心理浮现 = 从，自

b. 词汇序列 LA = ｛从，自｝

c. 工作空间 = ｛打，小时候起｝

当单音节介词"从"和"自"进入词汇序列后，运算系统首先选择"从"以平行合并的方式与名词短语进行合并（用虚线表示），从而形成多重支配结构。此时，工作空间中存在两个集合｛从，小时候起｝和｛打，小时候起｝，集合数量较之前一阶段增加了 1，因此，工作空间中存在两个句法推导（即"打"所在的 $PP_1$ 和"自"所在的 $PP_2$），词汇序列变为｛自｝，这一过程表示如下：

（24）a. 平行合并"从"和"小时候起" = ｛从，小时候起｝

b. 词汇序列 LA = ｛自｝

c.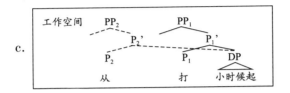

　　单音节介词"从"和名词短语"小时候起"之间的平行合并涉及两个句法位置：$P_2$ 和 DP，分别定义为 $<PP_2$，$P_2'$，$DP>$ 和 $<PP_1$，$P_1'$，$P_1>$，符合合并运算的二元限制原则。单音节介词"从"和"打"在结构上共同支配名词短语"小时候起"，并向其指派语义角色。由于单音节介词"打"和"从"分别在各自的推导中向该名词短语指派语义角色，该名词短语在每个句法推导中仅获得一个语义角色，符合题元准则的要求。接下来，词汇序列中的"自"同样以平行合并的方式进入句法运算（用虚线表示），形成更为复杂的多重支配结构。此时，工作空间中存在三个集合：｛自，小时候起｝、｛从，小时候起｝和｛打，小时候起｝，集合数量较之前一阶段增加了 1，又形成了一个新的句法推导（即"自"所在的介词投射）。此时，所有的词汇项目均已进入句法运算，词汇序列中词汇项目的数量为 0。这一过程表示如下：

（25）a. 平行合并"自"和"小时候起" = ｛自，小时候起｝

b. 词汇序列 LA = ｛Ø｝

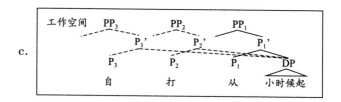

单音节介词"自"与名词短语"小时候起"之间的平行合并涉及两个句法位置：$P_3$ 和 DP，分别定义为<$PP_3$，$P_3$'，DP>和<$PP_3$，$P_3$'，$P_3$>，符合合并操作的二元限制条件。该多重支配结构包含三个句法推导："从"所在的 $PP_1$，"打"所在的 $PP_2$ 和"自"所在的 $PP_3$。三个单音节介词在结构上共同支配名词短语"小时候起"，并在各自的句法推导中向其指派语义角色。由于该名词短语在每个句法推导（$PP_1$、$PP_2$ 和 $PP_3$）中仅获得一个语义角色，语义角色的指派符合题元准则的要求。由于单音节介词"自"、"从"和"打"之间为并列关系，我们假设 $PP_1$、$PP_2$ 和 $PP_3$ 按照隐性 CoP 投射套嵌的方式（用虚线表示）进行最终的结构搭建。这一过程如下所示：

(26) a. PP、PP 和 PP 并列

   b. 词汇序列 LA = {∅}

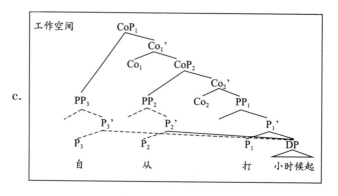

$PP_3$、$PP_2$ 和 $PP_1$ 分别合并至 $CoP_1$ 的标识语位置、$CoP_2$ 的标识语位置和 $CoP_2$ 的补语位置。其中，$PP_3$ 与 $Co_1'$ 的外部合并涉及 $PP_3$ 和 $Co_1'$ 两个句法位置，分别定义为 $<CoP_1, Co_1'>$ 和 $<CoP_1, PP_3>$；$PP_2$ 和 $Co_2'$ 的外部合并涉及 $PP_2$ 和 $Co_2'$ 两个句法位置，分别定义为 $<CoP_1, Co_1', CoP_2, Co_2'>$ 和 $<CoP_1, Co_1', CoP_2, PP_2>$；$PP_1$ 与 $Co_2$ 的外部合并涉及 $PP_1$ 和 $Co_2$ 两个句法位置，分别定义为 $<CoP_1, Co_1', CoP_2, Co_2', Co_2>$ 和 $<CoP_1, Co_1', CoP_2, Co_2', PP_1>$。这三种外部合并运算符合合并操作的二元限制条件，操作合法。在结构的线性化方面，由于"自"非对称性成分统制"从"、"打"和"小时候起"，"从"非对称性成分统制"打"和"小时候起"，而"打"非对称性成分统制"小时候起"，根据线性对应定理（Kayne 1994），"自"居前于"从"、"打"和"小时候起"；"从"居前于"打"和"小时候起"；"打"居前于"小时候起"。根据多重支配结构中线性序列的整合规则（Citko 2011a），工作空间中句法结构的线性序列表现为"从自打小时候起"。三个单音节介词"自"、"从"和"打"紧邻共现，共同支配位于其后的名词短语，从而形成了"自从打"这样的三音节介词叠加形式。

尽管三音节介词叠加所涉及的句法操作符合关于合并的二元限制条件，其生成过程较为复杂，涉及另外两个单音节介词的心理浮现和两次平行合并操作，并在隐性 CoP 投射套嵌的模式下生成了一种更为复杂的多重支配结构。此外，这种三音节叠加形式突破了汉语双音化的韵律限制，增加了句法运算的负担，其接受程度较低，数量极少。在一般情况下，三音节介词叠加是语言使用者语用失误的表现，不是正常、高效句法运算的产物。

# 4.3 汉语介词叠加的形成动因

## 4.3.1 结构协调

作为单音节介词并立共现的产物，汉语介词叠加的形成受句法、语用、语义、韵律等方面因素的影响。汉语介词叠加主要表现为双音节叠加形式，比单音节介词拥有更为复杂的句法构造：单音节介词表现为单一的 PP 投射，而双音节介词叠加则表现为较为复杂的隐性 CoP 投射。因此，结构协调方面的需要会促使介词叠加的形成。当名词短语在结构上较为简单时，出于经济性考虑，语言使用者倾向于选用单音节介词介引该名词短语，比如：

   （27）a. 自小

        b. 自小时候

        c. 自小时候起

        d.？自他考上大学

        e.？？自他考上大学以来

在（27）中，单音节介词"自"可以与单音节"小"和简单的名词短语进行搭配（a~c 项）。当介引的成分是小句时，在结构上显得缺乏协调性（d~e 项）。这是因为名词短语在结构上为 DP，而小句在结构上是 CP，后者比前者拥有更为复杂庞大的句法结构。使用结构较为简单的单音节介词介引小句型论元，在结构上显得"头轻脚重"。由于介词叠加比单音节介词具有更为复杂庞大的句法结构，其在小句型论元的介引过程中可以起到平衡结构的作用，从而使表达显得文从字顺：

（28）a. 自从他考上大学

　　　b. 自从他考上大学以来

　　　c. 从打他考上大学

　　　d. 从打他考上大学以来

　　　e. 自打他考上大学

　　　f. 自打他考上大学以来

可以看出，当论元在句法结构上较为复杂时，相比单音节介词"自"，介词叠加形式"自从"、"从打"和"自打"等能够更好地协调句法结构，使结构更加平稳。因此，协调句法结构是促使单音节介词"自"转化为叠加形式"自从"、"从打"和"自打"等的内在动因之一。

方所类和非时空类介词叠加的形成也有平衡结构方面的因素，比如：

（29）a. 朝东走去

　　　b. 朝东边走去

　　　c.？朝光辉的明天走起去

　　　d. 朝向光辉的明天走去

　　　e. 朝着光辉的明天走去

在（29）中，当单音节方向介词"朝"介引单音节和双音节名词时,结构平稳(a~b项)。c项中的名词短语音节稍长,整个介宾结构略失平衡。较之单音节介词,双音节叠加形式"朝向"使整个介宾结构显得更加平衡(d项),其功能相当于双音节介词"朝着"(e项)。此外,非时空类介词叠加"按照"也有平衡句法结构的作用:

> (30) a. 照章办事
>
> b. 照规章制度办事
>
> c. 按规章制度办事
>
> d. ? 照昨天制定的规章制度办事
>
> e. 按照昨天规定的规章制度办事

在(30)中,表示依据的单音节介词"照"和"按"可以和结构较为简单的名词短语进行搭配(a~c项)。当名词短语的结构较为复杂时,二者之间的搭配在结构方面略欠平衡(d项)。叠加形式则使整个介宾结构显得更加协调和平稳(e项)。

由于介词叠加比单音节介词具有更为复杂庞大的句法构造,其在介引结构复杂的论元的过程中,能够有效地平衡介宾表达的整体结构,在一定程度上消解结构上的"头轻脚重",使整个结构显得平稳协调。因此,协调结构是汉语介词叠加形成的结构动因。

### 4.3.2　语用强调

由于双音节介词叠加由两个单音节介词紧邻并立而成,在主观上有凸显和强调的语用功能。单音节介词即具有介引简介论元的功能，具有表达经济性的特点。但单音节介词结构单薄，音节简短，语义单一，在语言表达过程中的显著度较低，不能很好地凸显间接论元和强调介-宾成分。因此，出于论元凸显和语用强调等方面的需要，语言使用者可选择两个意义相同或相近的单音节介词进行强化表达，进而形成双音节介词叠加结构。汉语双音节介词叠加是由隐性投射 CoP 所并联的两个介词投射，具有更为充实的结构和更为厚重的韵律，在语言表达中可以起到强调和凸显的语用功能。比如：

（31）a. 他并没有转过头来，只是轻轻答："画送了给你，任你处置 。"（《故园》亦舒）

　　　b. 丹伊王微微躬身，"我对这件事感到抱歉，我的人民竟然背着我做出这种事，这些人就全凭你处置 。"（《芙罗瑛花传》夏雨寒）

　　　c. 任凭你们怎么发火，怎么埋怨，怎么凌辱吧，他是无法把债还清了。（《魂归何处》霍达）

　　　d. 咱家一部本草，两本汤头歌诀，就是天下的大学问，任凭你们搬出四书五经，咱家都能对上去。（《潇湘月》司马紫烟 ）

在例（31）中，和单音节介宾短语"任你""凭你"相比，由双音节介词叠加所组成的介词短语"任凭你们"在结构上更为凸显，强调了间接论元的具体行为。再如：

（32）a. 加强反腐倡廉制度建设，形成按制度办事、靠

制度管人的有效机制。(《福建日报》2006-11-
30)

b. 健全完善制度，把包括"拉袖子"等在内的一
些有一定效果的作（做）法系统化、制度化，
使各项工作纳入照制度办事的轨道。(《人民日
报》1994-11-23)

c. 从管理入手，有了制度的保障，我们就必须严
格按照制度执法，当然在执法的同时也要做到
惩罚严格化，教育亲情化。(《都市快报》2003-
8-30)

d. 按照一个种田人的脾气，他想到明天就要回家。
(《丈夫》沈从文)

　　和单音节依据介词"按"和"照"相比，双音节叠加形式
"按照"在结构上更为充实，使介宾短语在结构上更为凸显，从
而达到语用强调的功能。在少数情况下，会出现两个双音节介词
叠加再次叠加的情况，虽然这种形式的可接受度较低，而且在很
大程度上来源于语言使用者的语用失误，但不可否认的是，这种
双音节叠加形式的再次叠加具有凸显结构、强化表达的语用功
能，比如（张谊生 2013：13、14-15）：

（33）二战后，提篮桥监狱的绞刑室里处决过五名日本
　　　战犯，行刑是依照按照军阶大小的顺序进行
　　　的——大将铺木正隆首当其冲。(《亲历提篮桥监
　　　狱》，《中华遗产》2006 年第 3 期)

（34）既然遵照按照企业的发展规律，就可以辛辛苦苦
　　　自己打拼一个，那也可以跨越式地去买一个。
　　　（《中国民族品牌：一个伪命题》，《新民周刊》
　　　2011年第8期）

（35）自打从自新河出来，他还从来没能陪萌萌痛快地
　　　玩过呢，他计划着等萌萌放了寒假，好好优游一
　　　番，北京、济南、泰山，哪儿都行，随萌萌的主
　　　意。（《便衣警察》2005-6-2新浪读书）

　　以上两例中的"依照按照""自打从自"等叠加形式的出现
频率和接受程度较低，可视为语言使用者语用失误的产物。但这
种接受度较低的叠加形成在一定程度上凸显了语言结构，强化了
语言表达。因此，语用强调是汉语介词叠加形成的表达动因。

### 4.3.3　语义强化

　　我们在探讨介词叠加的语义特征时指出，较之单音节介词，
介词叠加在语义方面更为强化和精确化。由于汉语双音节介词叠
加属于多重支配结构，其所包含的两个单音节介词在结构上共同
支配介词宾语，并同时向其指派语义角色。因此，较之单音节介
词，双音节介词叠加在语义上更为强化，表现为表义更加具体、
全面和精确化。当单音节介词表义不够全面精确时，语言使用者
会选用介词叠加的形式进行强调，用以弥补表义上的不足。我们
在讨论"经由""按照""顺沿"等叠加形式时指出，不同的单
音节介词具有不同的语义侧重，双音节叠加形式同时具有两个单
音节介词的语义侧重，从而使表义更加具体精确，比如：

（36）a. 原计划是中英双方分别选派 4 个作家和 1 个艺
术家，在中国 5 座城市乘火车旅行，从上海出
发，经北京、重庆、广州，5 月 10 日在香港结
束。（《文汇报》2003-4-23）

b. 第三十三届国际象棋奥林匹克赛将于 9 月 26 日
在俄罗斯卡尔梅克共和国首府埃里斯塔拉开战
幕。中国国际象棋代表团名单已经确定，并将
于 9 月 24 日由北京出发赴俄参赛。（《人民日
报》1998-9-24）

c. 该团是应上海国际问题研究所邀请，经由北京
来沪进行学术交流和参观访问的。（《文汇报》
2000-6-26）

d. 然后用越南船只经由洞里萨河和洞里萨湖，运
到暹粒省省会以南 30 公里的一个村庄，再用卡
车经由 6 号公路继续西运。（《人民日报》1980-
11-2）

在例（36）中，根据具体语境可知，"经"侧重动作的经由
处，"由"侧重动作的始发处，而叠加形式"经由"同时侧重动
作的经由处和始发处。表示依据的"按"侧重"依据"，"照"
侧重"原封不动"，叠加形式"按照"则兼具"依据"和"原封
不动"，表义更加全面具体，比如：

（37）a. 他是在战斗中牺牲的，按条例中规定的条件，
倒是可以申报为烈士的。（《永不瞑目》海岩）

b. 陆小凤道:"他想必已从金九龄嘴里,问出了这块缎子的形状,自已找人照样子绣了块,准备来跟我掉包。"(《陆小凤之绣花大盗》古龙)

c.2月12日,王某把判决书寄往拆迁指挥部,要求按照判决书内容登记产权。(都市快讯 2003-6-13)

d. 这一工作都是一步一步有计划地进行,完全按照"一国两制"方针和基本法的规定来进行的。(《人民日报》1996-12-24)

此外,叠加形式"顺沿"在语义上同时具有"顺"的〔+延伸性〕特征和"沿"的〔+线性〕特征,表义更为全面具体,比如:

(38) a. 面包车顺着45度斜坡的台阶往下滑,车速越来越快,在越过48层台阶后车头扎到沙滩上,车辆严重损坏。(《人民日报》2000年7月)

b. 沿着509个台阶拾级而上,登上97米高的拱顶,凭高远眺,科隆市的美景和银链般的莱茵河尽收眼底。(《文汇报》2003-2-21)

c. 加入起落航线飞行必须经空中交通管制员或者飞行指挥员许可,并且应当顺沿航线加入,不得横向截入。(《人民日报》2000年8月)

d. 楼宇顺沿山势一脉相承,依山而建气势磅礴,蜿蜒起伏,远眺如活龙奔腾,壮丽奇伟。(网络语料)

可以看出，介词叠加在语义方面较之单音节介词更为强化，具体表现为表义的全面、具体和精确化。因此，语义强化是汉语介词叠加形成的语义动因。

### 4.3.4　韵律平衡

韵律因素是汉语介词叠加形式的又一动因。较之单音节介词，双音节介词叠加拥有较长的音节长度，在韵律方面更为厚重，能够满足特定语境中的韵律要求，这种韵律要求可能来自句内或句外。比如下面的例句中，使用单音节介词和介词叠加的差别不大：

（39）a. 文明，距我们有多远？

　　　b. 文明，离我们有多远？

　　　c. 文明，距离我们有多远？

如果把句中的"有多远"换为"多远"，即减少一个音节，使用介词叠加比使用单音节介词在节奏方面更为平稳。这种韵律要求来自句内，比如：

（40）a. 文明，距我们多远？

　　　b. 文明，离我们多远？

　　　c. 文明，距离我们多远？

例（41）同样表现出这种韵律要求：

（41）a. 一经发现，依照规定严肃处理。

  b. 一经发现，依规定严肃处理。

  c. 一经发现，照规定严肃处理。

  由于谓语部分"严肃处理"包含四个音节，使用由介词叠加组成的四音节介词短语"依照规定"使整个句子在节奏方面更加平稳、协调。使用由单音节介词组成的三音节介词短语"依规定""照规定"则有一种"头轻脚重"的感觉。

  在排比或对举的格式中，为了达到结构对称和韵律平衡的效果，也会选用双音节介词叠加替代单音节介词，这种韵律要求往往来自句外，比如：

（42）全军和武警部队按照规定，严格把关，层层遴选，从优秀师团职后备干部中确定了这批赴边远艰苦地区部队代职锻炼的人选。（《人民日报》2001 年 7 月）

（43）从此，依仗权势，敲榨（诈）勒索，明征（争）暗抢，高利盘剥，强买强占……，害得许多农民倾家荡产。（《人民日报》1963 年 7 月）

（44）抖擞精神不觉疲，顺沿马路直奔西。租车哪计钱多少，赶路争知夜岂其？（《诗词在线》2011 年第 9 期）（张谊生 2013：17）

（45）自从与君结缡后，三生有幸无他求，不料想婆母面前总失欢，生为儿媳愁复愁。（越剧《陆游与唐琬》）

  在例（42）中，"按照规定""严格把关""层层遴选"三个四字结构形成排比式，韵律和谐。例（43）中的情况与之类似，"依仗权势""敲诈勒索""明争暗抢""高利盘剥"等均为四字格式，选用单音节介词则会破坏韵律平衡，导致句子节奏不稳，表达不畅。例（44）和（45）具有诗歌文体，使用七言表达平行并置，单音节介词则无法满足这种音节需求。显然，介词叠加的使用旨在维系韵律平衡，彰显文体特征。以下是更多相关例证：

> （46）另一个原因就是亦官亦商，凭借特权，大发横财。（《人民日报》1985-3-11）
>
> （47）依照法律，判处死刑，人心大快。（《人民日报》1983-1-18）
>
> （48）我的亲姐妹，打从祖国来，千里迎我归。（《人民日报》1962-11-1）
>
> （49）因为信赖，所以踏实。因为有你，不再孤单。（百度网·读书信箱 2017-1-28）
>
> （50）朝往昆仑御剑游，暮观沧海自东流。不求无为证大道，且与苍生共白头。（百度网·古剑奇谭网络版 2018-7-29）

　　显而易见，在某些情况下，介词叠加的选用纯粹是为了凑足音节，从而达到韵律平衡、节奏平稳的效果。因此，平衡韵律是汉语介词叠加形成的韵律动因。

　　本章针对汉语介词叠加的生成机制和形成动因展开研究。4.1 节讨论语言思维的心智运算方式，指出心智词库中词汇项目的心理浮现既是句法运算的先决条件，也是生成多重支配结构的可能路径之一。4.2 节揭示汉语介词叠加的生成机制，指出单音节介词之间的语义兼容为单音节介词在句法运算中的心理浮现提供了条件。在单音节介词与其宾语合并时，另一个与其意义相近的单音节介词浮现在词汇序列中，并以平行合并的方式参与句法运算，从而生成多重支配结构。在句法运算后期，两个 PP 投射分别合并至隐性投射 CoP 的标识语和补语位置，从而使得两个单音节介词在线性序列上紧邻并立。4.3 节探索汉语介词叠加的形成动因，指出结构协调、语用强调、语义强化和韵律平衡是汉语介词叠加形成的主要动因。

# 第 5 章　相关语言现象的理论解释

本章针对与汉语介词叠加相关的语言现象进行研究，涉及低接受度的介词叠加、跨越结构层级的介词紧邻共现、由动介结构凝固而成的双音节介词、西方语言中的介词连用等结构。本章对这些语言现象进行了描写，并为其生成机制和形成动因提供了解释。

## 5.1　低接受度的介词叠加形式

### 5.1.1　多音节介词叠加的外在形式

汉语中低接受度的介词叠加主要表现为三个、四个甚至六个单音节介词的紧邻并立，这种叠加形式的接受度普遍很低，有的甚至无法接受，以下例句均转引自张谊生（2013）：

(1) 这几个字无疑是从自打世界上有了偶像剧这玩意儿以来，最经典也最老土的一个题材。(《夏日与春天的一次杂糅》，《新闻晨报》2004-8-2)

（2）自从打记事起，盛常国就知道父亲高度近视，戴着将近 1000 度的近视眼镜，看东西也是雾里看花，当时村里人开玩笑地给送了个绰号："瞎眼"。（《苦痛伴随文学痴人》，《奉化日报》2007-11-19）

（3）翰林养殖场从猪舍建设到疫苗接种，全部遵按照严格的科学方法运作，在今年我市发生几次猪疫的情况下，该养猪场竟然没有一头病死。（《翰林养殖场创造养猪无污染零排放奇迹》，《新余日报》2010-11-16）

（4）这些惩罚措施的制定，例如罚款，扣车，拘留等都是严格遵依照《中华人民共和国道路交通安全法》的相关规定的。（《整治校园摩托车，构建安全校园》2010-12-08 自强新闻）

（5）做多少次镭射光，黄褐斑才能去掉呢，这是求美者急切想知道的。因为由于面部色素的沉积而导致黄褐斑的出现，给女性带来了很大的烦恼。（《做多少次镭射光才能去掉黄褐斑》2010-4-25 健康网）

（6）兰州百合是甘肃省的名优特产，以色泽洁白如玉、肉质肥厚香甜而闻名。但是今年由于因为多种原因，兰州市场上的百合价格暴涨，市场上也难觅踪影。（《产量降低兰州百合身价暴涨》2011-11-29 大众网）

（7）总的来说，都是消费者在小利益诱惑或其他花言巧语的引诱下，没有严格按照遵照淘宝网的交易流程，进行和使用支付宝第三方担保交易，导致

遭遇欺诈。(《发布网购安全启示》2010-3-24 软件主题吧)

(8) 江西坚定贯彻落实国家关于进一步做好房地产市场调控任务的各项政策办法,联系本省现实,依照遵照市场纪律,加大房地产市场调控力度。(《江西确保调控办法落实到位》2011-5-11 江西一品网)

(9) 只有好的作品,才会产生人民所喜爱的演员,才会有精彩的晚会,相反,当然不会因为由于因为演员的原因,才会有好的作品,才会有好的晚会,这就是艺术规律。(《网友评论:为什么许多观众不满意春节晚会?》2003-2-1 新浪娱乐)

(10) 如果航母是以 20 节的速度迎风航行,且海面风速为 20 公里/小时,那么这时飞机在航母上的起飞距离将进一步下降至 120-150 米左右,这是由于因为由于航母的速度所产生的迎面风效应,进一步降低了飞机的离地速度。(《震撼不已:上海电磁弹射试验装置曝光》2011-11-29 军事观察室)

在以上例句中,例(1)~(4)中的"从自打""自从打"和"遵按照""遵依照"为三音节介词叠加,接受度较低。例(5)~例(8)中的"因为由于""由于因为"和"按照遵照""依照遵照"为四音节介词叠加,接受度极低。例(9)~(10)中的"因为由于因为"和"由于因为由于"为六音节介词叠加,这些叠加形式不能为汉语母语人所接受。尽管这些多音节的介词叠加形式接受度很低,甚至不能接受,在实际的语料中确实能够检索到这样的例子。概括起来，低接受度的介词叠加表现为以下几种形式：

(11) a. 三音节叠加：从自打、自从打、遵按照、遵依照

b. 四音节叠加：因为由于、由于因为、按照遵照、依照遵照

c. 六音节叠加：因为由于因为、由于因为由于

我们在第 5 章对低接受度的三音节介词叠加的生成机制和形成动因进行研究，指出近义单音节介词在句法运算过程中的心理浮现和平行合并是生成三音节介词叠加的关键性操作。本节针对六音节叠加这种不合语法的叠加形式展开研究，揭示其生成机制，并为该类叠加形式的形成原因提供解释。

### 5.1.2  生成机制及形成原因

从结构上看，四音节介词叠加由四个单音节介词紧邻并立而成，可以看成由两个双音节介词构成的复杂结构体。以"因为由于"为例，该四音节复合结构体包含一个双音节介词"因为"和一个跨层双音节介词结构"由于"。从结构上说，"因为"和"由于"具有不同的内部结构："因为"由两个近义单音节介词并立而成，二者在结构中具有同等的句法地位，属于双音节介词叠加；"由于"由单音节介词"由"和"于"构成，二者在结构中具有不同的句法地位。我们暂时不讨论其内部结构。就"因为由于"的内部结构而言，双音节介词形式"因为"和"由于"之间互为并列关系，二者具有相同的句法地位。这是因为"由于"和

"因为"均能独立地介引论元，属于高接受度的语言形式：

（12）a. ＊由于因为多种原因

b. 因为多种原因

c. 由于多种原因

此外，由于在实际语料中还存在"由于因为"这种低接受度的四音节介词形式，足以说明四音节介词中的"由于"和"因为"相互并列，而不是四个单音节介词互为并列关系，因为语料中不存在"＊为因于由""＊于由为因""＊由为因于""＊由因为于"等形式。因此，在"因为由于"等四音节介词形式的生成过程中，双音节介词"因为"和"由于"各自生成后再进行并列操作。以"由于因为多种原因"为例，单音节介词"因"和"为"按照词汇项目的心理浮现和平行合并在工作空间中首先生成一个多重支配结构，"因"和"为"共同支配名词短语"多种原因"，这一过程如图5-1所示：

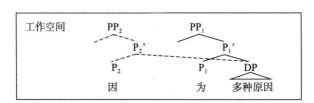

**图5-1　"因为多种原因"结构示意**

此时，与"因为"语义相近的"由于"通过心理浮现的方式进入句法运算，在工作空间中形成一个新的句法推导（用虚线表示），并与名词短语"多种原因"进行平行合并。此时，"由于"、"因"和"为"在结构上共同支配该名词短语，这一过程如图 5-2 所示：

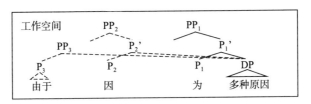

**图 5-2　"由于"与名词短语的平行合并**

　　"由于"和"多种原因"的平行合并涉及 $P_3$ 和 DP 两个句法位置，分别定义为 <$PP_3$，DP> 和 <$PP_3$，$P_3$>，符合合并运算的二元限制条件。这一复杂的多重支配结构在生成过程中涉及三个句法推导（即"由于"所在的 $PP_3$，"因"所在的 $PP_2$ 和"为"所在的 $PP_1$），作为介词宾语的名词短语分别在每个句法推导中获得一个语义角色，符合题元准则的要求。随后，$PP_1$、$PP_2$ 和 $PP_3$ 根据隐性 CoP 投射套嵌的方式（用点线表示）进行最终的结构搭建，形成如图 5-3 所示结构：

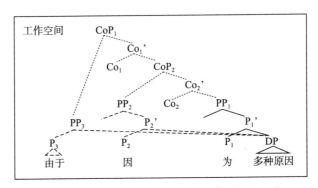

**图 5-3　"由于因为多种原因"结构示意**

　　$PP_1$、$PP_2$ 和 $PP_3$ 分别合并至 $Co_2$ 的补语位置、$CoP_2$ 的标识语位置和 $CoP_1$ 的标识语位置。其中，$PP_1$ 与 $Co_2$ 的外部合并涉及 $Co_2$ 和 $PP_1$ 两个句法位置，分别定义为 <$CoP_1$，$Co_1$'，$CoP_2$，$Co_2$'，

PP$_1$>和<CoP$_1$，Co$_1$'，CoP$_2$，Co$_2$'，Co$_2$>；PP$_2$ 与 Co$_2$' 的外部合并涉及 Co$_2$' 和 PP$_2$ 两个句法位置，分别定义为<CoP$_1$，Co$_1$'，CoP$_2$，PP$_2$>和<CoP$_1$，Co$_1$'，CoP$_2$，Co$_2$'>；PP$_3$ 与 CoP$_1$ 的合并也涉及 Co$_1$' 和 PP$_3$ 两个句法位置，分别定义为<CoP$_1$，PP$_3$>和<CoP$_1$，Co$_1$'>。这三种外部合并操作均符合合并的二元限制条件，其所生成的结构庞杂，语义表达冗余。此外，"由于"的内部结构不同于"因为"，且需要在独立的句法推导中形成，进一步增加了工作空间的运算负荷。因此，诸如"由于因为"等四音节介词叠加的接受度很低，可以视为一种语用失误的产物。

关于"由于因为"等形式的形成原因，也可以从结构协调、语用强调、语义强化和韵律平衡等四个方面进行说明。以"由于因为多种原因"为例，其句法-韵律结构表示如下：

（13）a. 句法结构：[$_{PP}$ [$_P$ 由于因为] [$_{DP}$ 多种原因]]
　　　 b. 韵律结构：（由于因为）$_\varphi$（多种原因）$_\varphi$

由于"由于因为"具有四个音节，在某些情况下可以使语言表达在结构和韵律方面更加规整协调。加之"由于"和"因为"语义相近，二者的叠加形式具有强化语义和强调语用的功能。因此，在少数情况下，出于结构、语用、语义和韵律等方面的需要，语言使用者有可能生成"由于因为"这种羡余式的四音节介词形式。

相比"由于因为"这种低接受度的叠加形式，"因为由于因为"等六音节叠加形式几乎不能被汉语母语人接受，在实际语料中的出现频率极低，仅见两例（张谊生 2013：15），完全可以被视为一种不合法的语言现象。这种六音节介词叠加形式不但违背了语言表达的经济性原则，而且其推导过程极为冗长，句法结构极为庞杂，因此缺乏结构生成的内在动因。"因为由于因为"的句法结构简要表示如图 5-4 所示。

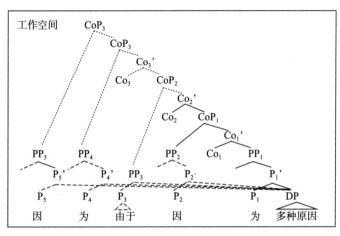

**图 5-4　"因为由于因为"句法结构示意**

可以看出，"因为由于因为"通过三个隐性并列投射 CoP 搭建而成（用点线表示），其中包含 $CoP_3$ 的一个扩展性投射。$P_1$、$P_2$、$P_3$、$P_4$ 和 $P_5$ 共同支配名词短语"多种原因"，所有的合并操作（用虚线表示）均符合合并的二元限制条件：$P_1$ 和 DP 之间的外部合并涉及 $P_1$ 和 DP 两个句法位置：分别定义为 $<CoP_3$，$CoP_3$，$Co_3'$，$CoP_2$，$Co_2'$，$CoP_1$，$Co_1'$，$PP_1$，$P_1'$，$DP>$ 和 $<CoP_3$，$CoP_3$，$Co_3'$，$CoP_2$，$Co_2'$，$CoP_1$，$Co_1'$，$PP_1$，$P_1'$，$P_1>$；$P_2$ 和 DP 之间的平行合并涉及 $P_2$ 和 DP 两个句法位置，分别定义为 $<CoP_3$，$CoP_3$，$Co_3'$，$CoP_2$，$Co_2'$，$CoP_1$，$PP_2$，$P_2'$，$DP>$ 和 $<CoP_3$，$CoP_3$，$Co_3'$，$CoP_2$，$Co_2'$，$CoP_1$，$PP_2$，$P_2'$，$P_2>$；$P_3$ 和 DP 之间的平行合并涉及 $P_3$ 和 DP 两个句法位置，分别定义为 $<CoP_3$，$CoP_3$，$Co_3'$，

$CoP_2$，$PP_3$，DP>和<$CoP_3$，$CoP_3$，$Co_3$'，$CoP_2$，$PP_3$，$P_3$>；$P_4$ 和 DP 之间的平行合并涉及 $P_4$ 和 DP 两个句法位置，分别定义为<$CoP_3$，$CoP_3$，$PP_4$，$P_4$'，DP > 和 < $CoP_3$，$CoP_3$，$PP_4$，$P_4$'，$P_4$ >；$P_5$ 与 DP 之间的平行合并涉及 $P_5$ 和 DP 两个句法位置，分别定义为<$CoP_3$，$PP_5$，$P_5$'，DP>和<$CoP_3$，$PP_5$，$P_5$'，$P_5$>。尽管所有的合并操作均符合合并操作的二元限制条件，该结构的生成涉及词汇项目的多次心理浮现和句法推导，平行合并操作的次数较多，运算过程极为繁琐。此外，"因为由于因为"的结构庞杂，涉及三个隐性 CoP 投射的叠加，不利于语言结构的心理分析和儿童语言习得。因此，诸如"因为由于因为"等六音节介词叠加形式不是一种合法的语言结构，该类结构出现频率极低，不为汉语母语人所接受，是语用失误的产物。

## 5.2 跨越结构层级的介词紧邻共现

### 5.2.1 现象描写及结构定性

在现代汉语的实际语料中，可以见到下列介词叠加形式，例句均转引自张谊生（2013）：

(14) 人生苦短几十年，从自打从母体奔人世后，我们便开始了为生存不停的抗争。(《善待自己》2008-8-20 网易博客)

(15) 自打从自新河出来，他还从来没能陪萌萌痛快地玩过呢，他计划着等萌萌放了寒假，好好优游一番，

北京、济南、泰山，哪儿都行，随萌萌的主意。（《便衣警察》2005-6-2 新浪读书）

(16) 打从自孤山回来后，轩辕岳就老是去晴空那儿看桃树，他要去有谁拦得住？（《照镜》2011-9-3 银星社区）

(17) 古人自打从书里捞出来黄金屋后，也就在流坑留下了建筑很高尚装修很豪华的房屋。今人学习好后，也可以在老屋的板壁上贴满以精神鼓励为主的奖状。（《千年古村千年人》2010-10-22 西祠胡同）

(18) 现在处于在取代传统的白炽灯和日光灯这一照明革命前期，半导体发光二极管产业正在掀起照明领域的一场革命。（《LED 珠宝射灯详细介绍》2011-10-8 亿商网）

(19) 对于孙芸芸而言，美丽代表着自信，这份自信源自于生活态度与品味，进而展现出整体外在的说话态度、对事物的看法，是一种由内而外的整体呈现。（《孙芸芸：台湾第一少奶奶》2008-4-13 海报社区）

(20) 春秋战国时期，士人这个阶层介乎于统治者与被统治者之间，成为二者交流转换的中间地带。（《细品国学——梁冬对话曲黎敏》2022-3-8 百度网）

(21) 我是一个来自于农村的小伙子，我和普通人一样，没有什么本事，也没什么钱，但是我有一颗坚强的心。（《我是一个朴实的80后农民工，我有一颗坚强的心》2011-10-28 华声在线）

从表面上看，例（14）~（15）中的"从自打从"和"自打从自"为四音节介词叠加；例（16）~（17）中的"打从自"和"自打从"为三音节介词叠加；例（18）~（21）中的"于在"、"自于"和"乎于"为双音节介词叠加。张谊生（2013）将诸如例（14）~（15）中的"从自打从"称为嵌套式介词叠加，将例（16）~（21）中的"打从自""介乎于"称为附加式介词叠加。我们曾指出，汉语中的三音节介词叠加和四音节介词叠加是低接受度的介词叠加形式，并且例（18）~（21）中的"于在"、"自于"和"乎于"等形式与本书讨论的双音节介词叠加形式在语感上存在差异。但就表达效果而言，例（14）~（21）中的介词叠加形式存在一定的接受程度，比如例（14）~（17）中的形式，有的甚至在语感上较为自然，比如例（18）~（21）中的形式。原因在于，和低接受度的介词叠加形式相比，例（14）~（21）中的介词形式跨越了两个结构层级，我们将这种现象称为跨越结构层级的介词紧邻共现，并将其分为以下三类：

（22）a.2+2 型：例（14）~（15）中的"从自打从""自打从自"

b.2+1 型：例（16）~（17）中的"打从自""自打从"

c.1+1 型：例（18）~（21）中的"于在""自于"和"乎于"

也就是说，（22）a 中的"从自"和"打从"分属两个结构层级；（22）b 中的"打从"和"自"分属两个结构层级；（22）c 中的"于"和"在"分属两个结构层级。这些结构实际上是跨越结构层级的介词紧邻共现。

### 5.2.2　接受程度及现象成因

我们将例（14）~（21）中的介词形式称为跨越结构层级的介词紧邻共现，并指出其具有一定的接受程度。我们将该类介词形式的内部结构表示如（23）：

> （23）a. $[_{Conj}$ 从自 $[_{CP}$ $[_{PP}$ 打从母体$]$ 奔人世后$]]$
> 　　　b. $[_{Conj}$ 打从 $[_{CP}$ $[_{PP}$ 自孤山$]$ 回来后$]]$
> 　　　c. $[_{VP}$ $[_{V}$ 来自$]$ $[_{PP}$ 于农村$]]$

在（23）a 中，"打从"与"母体"形成表示地点的介宾结构，充当"奔人世"的状语。"从自"表示时间，引导 CP 小句"打从母体奔人世"，"后"与"从自"形成框式介词结构。因此，"从自"和"打从"分属两个不同的句法结构。由于二者在线性序列上邻接，容易使人误将"从自打从"分析为四音节叠加形式。这种介词形式的结构本质是两个双音节介词叠加在线性序列上的偶然邻接。（23）b 的情况与（23）a 相同：单音节"自"与"孤山"组成表示地点的介词短语，充当"回来"的状语。"打从"表示时间，引导 CP 小句"自孤山回来"，"后"与打从形成框式介词结构。因此，"打从"和"自"同样分属两个不同的句法结构，二者在线性序列上的邻接容易使人误将其分析为三音节介词叠加形式。这种介词形式的结构本质是一个双音节介词叠加和一个单音节介词在线性序列上的偶然邻接。尽管（23）a

和（23）b 中的介词形式表面上较为复杂，其在语感上可为汉语母语人所接受。原因在于，这些介词形式中并不存在多音节介词叠加的情况。在这类"从自打从"和"打从自"形式中，仅包含一个双音节介词叠加"从自""打从"，另外一个双音节介词叠加或单音节介词"打从""自"属于不同的句法结构。这一点可从结构中第一个双音节介词叠加和结构助词"后"所构成的框式介词结构"从自……后""打从……后"得到验证。（23）a 和（23）b 中的介词形式具有如（24）的句法结构：

$$(24)\ a.\ \left[_{Conj}\ 从自\ \left[_{CP}\ \left[_{PP} 打从\ \ldots\ \right]\ \ldots\ \right]\right]$$
$$b.\ \left[_{Conj} 打从\ \left[_{CP}\ \left[_{PP}\ 自\ \ldots\ \right]\ \ldots\ \right]\right]$$

实质上，（24）中的"从自"和"打从"已经进一步虚化，具有连词的语法功能，从而引导 CP 小句。"打从"和"自"仍然保留着介词的功能，在 CP 小句中充当状语成分。在语义上，位于不同句法层级中的介词各有分工："从自"和"打从"表示时间，"打从"和"自"表示地点。由于"从自""打从"和"打从""自"属于不同的句法结构，又在语义上各有分工，这种跨域结构层级的介词叠加形式具有一定的接受程度。

与（23）a 和（23）b 不同，（23）c 中的形式涉及一个介词并入操作，具有不同的生成机制和结构成因。在语感上，"来自于农村"具有较高的接受度。实质上，（23）c 的简约形式为"来自农村"，具有如（25）的句法结构：

$$(25)\left[_{VP}\ \left[_{V} 来\right]\ \left[_{PP}\ 自农村\right]\right]$$

单音节动词"来"选择介词短语"自农村"作为其补语，整个结构是一个 VP。但是在韵律上，"来自农村"却具有和句法结构完全不同的结构模式，从而产生句法-韵律错配，对比如（26）所示：

（26）a. 句法结构：[<sub>VP</sub> [<sub>V</sub> 来] [<sub>PP</sub> 自农村]]
　　　b. 韵律结构：（来自）<sub>φ</sub>（农村）<sub>φ</sub>

这里涉及一个介词并入操作，"来自"在韵律上形成一个韵律短语，"来自农村"具有述宾结构的某些特征（林华东，蒋艳 2005）。语言使用者倾向于将"来自"作为一个语法单位进行处理，有的学者将其视为动词或复合动词（张纯鉴 1980；胡裕树 1981；范晓 1998；王艾录 1982；蒋同林 1982；肖伟良 1982），有的将其视为语法成分（宋玉柱 1981；冯胜利 2013）、"临时挂靠形式"（吴守华 2002）、"无视句法的跨句法层组合"（张海涛 2014）等。尽管观点各异，学界均主张将"来自"类结构视为一个单位。此外，双音节的"来自"构成一个韵律词，符合汉语母语人的语言直觉。久而久之，汉语使用者倾向于将"来自"视为一个动词单位，而忽略了该结构中"自"的介词功能。因此，在句法运算过程中，语言使用者选用更为虚化的介词"于"介引地点论元，从而生成具有较高接受度的"来自于农村"这样的结构。由于"来自"被语言使用者视为一个动词单位，"于农村"为介词补语，在线性序列上便形成了诸如"自于"这种双音节介词形式。但在语言使用者的直觉上，"来自"为动词，"于农村"为介词短语，"自于"是两个单音节介词跨层紧邻的产物。

# 5.3　动介组合凝固而成的双音节介词

## 5.3.1　现象描写及结构定性

汉语中存在一类双音节介词，比如"至于""对于""由于""在于""自于"等，这类双音节介词由一个单音节介词和"于"并立而成，在形式上与双音节介词叠加类似。但实际上，这些双音节介词形式与介词叠加之间存在着较多差异，比如，该类双音节介词不允许语序变换，即不存在"*于至""*于对""*于由""*于在""*于自"等形式。因此，"于"与另外一个单音节介词的句法地位不同。在语义上，介词"于"比"至""对""由""在""自"等介词更为虚化，是低及物性标记（董秀芳2006；王月婷2021）。因此，该类介词形式不是介词叠加。由于汉语介词大多由动词虚化而来，并且虚化程度各不相同，"至""对""由""在""自"最初为动词，该类介词形式最初为由单音节动词和介词"于"组成的动补短语。比如，现代汉语中的双音节介词"至于"就经历了"动介跨层结构→动词→介词"的演变过程。在先秦时期，"至"是运行动词，"于"介引动作行为到达的处所，比如（张成进，王萍2014：37）：

（27）王命众，悉至于庭。（《尚书·盘庚上》）

（28）六年，秦岁定，帅师侵晋，至于韩。（《国语·晋语三》左丘明）

在这一时期，"至于"后可出现谓词性成分，意为"情势发展到某种程度或地步"，张成进、王萍（2014）将其分析为动词，比如：

> （29）名卑地削，以至于亡者，何故？战罢者也。（《商君书·画策》商鞅）
>
> （30）申生有罪，不念伯氏之言也，以至于死。（《礼记·檀弓上》戴圣）

"至于"凝固为动词之后，又进一步语法化为介词，并在魏晋南北朝时期发展成熟。"至于"作为介词一般位于句首，表示"另提一事"（董秀芳 2011：270），比如（张成进、王萍 2014：41）：

> （31）下官才能所经，悉不如诸贤；至于斟酌时宜，笼罩当世，亦多所不及。（《世说新语·品藻第九》刘义庆）

类似的用例还有：

> （32）至于杂记碎文，条例无附，辄别为一帙，以存时事。（《全梁文》严可均）
>
> （33）至于爱民全国，康惠庶类，必先修文教，示之轨仪，不得已然后用兵，此盛德之所同也。（《三国志》陈寿）

因此，"至于"的初始结构为动介短语（周广干 2013；张成进、王萍 2014），其句法结构表示如（34）所示：

(34) $\left[_{VP} 至 \left[_{PP} 于 \ldots\right]\right]$

"对于""由于""在于""自于"等形式的形成历程与"至于"类似。现代汉语中的介词"对于"同样来源于先秦汉语中的动词"对"和介词"于"的连用，"对"表示"应答、对答"，"于"介引动作行为对象，比如（张成进 2015）：

(35) 王赫斯怒，爰整其旅，以按徂旅，以笃周祜，以对于天下。（《诗经·大雅·皇矣》）

类似的用例还有：

(36) 尝一夕梦德宗召对于便殿，问以经国之务。（《宣室志》张读）

(37) 复命召医疮方士、院生对于寝殿，院言可疗。（《东观奏记》裴庭裕）

动介形式的"对于"在隋唐五代时期完成了语法化的过程，凝固为具有多种介引功能的双音节介词，其介引对象的种类远比现代汉语中的"对于"丰富（张成进 2015：215）。但毋庸置疑的是，现代汉语中的"对于"最初为动介短语，其内部结构与动介短语"至于"相同。

"由于"最初同样是动介组合（刘红妮 2009；饶琪 2016），饶琪（2016：112）通过以下两例证明其语法属性：

(38) 勇力所生，生于美色；祸难所发，由于勇力。（《论衡》王充）

(39) 荐舜之本，实由于尧，此盖圣人欲尽众心也。（《三国志·魏书·少帝纪》陈寿）

在例（38）中，"由于"和"生于"对举，而在（39）中，"由"被副词"实"修饰，足见"由于"的短语性质。在清代，"由于"的后接成分在长度上发生了变化，可与名词性成分搭配，可视为介词（饶琪 2016：113）：

(40) 宫中的人则呼为洗郎院。亚之虽然位在大夫之下，但由于公主的缘故，得以自由出入皇宫。（《古今情海》曹绣君）

(41) 初由于小人之诣，而因得贵倨者之悦，居之不疑，而纷纷者遂遍天下矣。（《聊斋志异》蒲松龄）

由此可见，现代汉语中的双音节介词"由于"同样来自动介组合"由+于"。

作为动介搭配，"在于"始见于《诗经》，并在历时的演化中逐渐成词，下列例句转引自张宝（2016：72-73）：

(42) 鱼在于渚，或潜在渊。（《诗经·小雅·鸿雁之

什·鹤鸣》)

（43）贵在于我而不失于变。（《庄子》）

（44）雅颂在于此，浮华致那边。（《全唐诗》）

（45）生问计，女曰："凡商贾之志在于利耳。"（《聊斋志异》蒲松龄）

在现代汉语中，"在于"一般用作动词，表示"决定于"或指出事物的本质所在。但在汉语史上，也曾出现"在于"用作双音节介词的情况，最早见于尚书，此后间或出现，下列例句转引自（张宝 2016：73）：

（46）天罚不极，庶民罔有令政在于天下。（《尚书·周书·吕刑》）

（47）在于商夏之诗书曰："命者，暴王作之。"（《墨子》）

（48）子异人贤材也，弃在于赵，无母于内，引领西望，而愿一得归。（《战国策·秦策五》）

（49）摘果在于高山，取水长于远井。（《敦煌变文集》）

（50）往院里来，在于楼外边立着。（《玉堂春落难逢夫》冯梦龙）

可以看出，"在于"最初为动介搭配，动词和双音节介词是后起的用法。

在汉语史上，"自于"最初为动介搭配，始见于战国时期，后发展出介词用法，介引地点论元，下列例句转引自杜广慧（2019：

95，97）：

> （51）侨闻治身以及家，治家以及国，此言自于近至于远
> 也。（《列子·杨朱篇》）
>
> （52）所以者何？忆念我昔，自于父舍，设大施会，供
> 养一切沙门婆罗门及诸外道贫穷下贱孤独乞人，
> 期满七日。（《敦煌变文集新书》）
>
> （53）通达岂得自任耶？且我等既不盗汝食，自于门首
> 过，而枉杀我等，要当相报，终不休也。（《太平
> 广记》）

在例（51）中，"自于"和"至于"对举，说明其为动介结
构。在例（52）和（53）中，"自于"独立介引地点论元，可视为
双音节介词。在现代汉语中，作为双音节介词的"自于"使用频率
较低，在语料检索中偶见用例，下列例句转引自杜广慧（2019：
98）：

> （54）法国农业出现的问题和困难非自于今日始，其原因
> 也是多方面的。（《人民日报》1993 年 1 月）
>
> （55）段逸自于山洞从杨莺学箭，这数月来一直练习未
> 辍。（《无双传》薛调）

虽然作为"自于"的双音节介词在现代汉语中的使用频率较
低，但仍然可以看出，"自于"最初为动介短语，介词是后起的
用法。

经过具体的语料，可以证明，虽然"至于""对于""由于"
"在于""自于"等形式的语法化历程和结果有所不同，但这些形
式最初均为动介结构，而不是介词叠加。这些形式的介词用法是
语法化的结果。

### 5.3.2 生成机制及形成原因

我们指出，现代汉语中的双音节词"至于""对于""由于"
"在于""自于"等最初为动介结构。这类结构由单音节动词和
"于"字短语组合而成，其结构形式表示如（56）所示：

$$(56) \quad [_{VP} V_{\text{单}} \ [_{PP} \ 于...]]$$

这类结构的生成过程较为简单，即介词"于"首先与其介引
的名词短语组成介词短语 PP，再与单音节动词合并为动介短语
VP。最初，单音节动词"至""对""由""在""自"等与介词
"于"之间存在明显的界限。这类结构由动介结构向双音节介词
的转化是语法化的结果，涉及句法、语义和韵律等方面的因素。
以"至于"为例，该形式经历了由动介结构到动词再到介词的转
变。在作为动介结构的"至于"中，"至"是运行动词，"于"
是介词，常介引处所成分。当"至于"后出现谓词性成分或谓词
性小句时，"至于"的语义发生改变，表示"情势发展到某种程
度或地步"。在这种情况下，"至于"已词汇化为动词（张成进、
王萍 2014：38），比如：

（57）激水之疾，至于漂石者，势也。鸷鸟之疾，至于

毁折者，节也。(《孙子兵法·势篇》)

(58) 齐之信燕也，至于虚北地行其兵。(《战国策·燕策二》)

在例 (57) 中，"至于"后接谓词性短语，表示"情势发展到可以漂起石头/毁坏折断翅膀的程度"。在例 (58) 中，"至于"后接动词性小句，表示"信任到'虚北地行其兵'的程度"。句法和语义功能的延伸、线性序列上的紧邻以及双音节的韵律特征使得"至于"逐渐固化为一个韵律词。

在"至于"词汇化为动词之后，句法功能的变化和动词语义的虚化使得"至于"进一步虚化为双音节介词。当"至于"由指出情势发展的程度转变为"另提一事"并加以评论时，介词"至于"形成，往往出现在句首 (张成进、王萍 2014：41)：

(59) 愚以为君子不求备于一人，自孔氏门徒大数三千，其见者七十二人，至于子张、子路、子贡等七十之徒，亚圣之德，然犹各有所短。(《三国志·吴书·诸葛滕二孙濮阳传》陈寿)

(60) 凡代人为文，皆作彼语，理宜然矣。至于哀伤凶祸之辞，不可辄代。(《颜氏家训·文章篇》颜之推)

因此，句法功能的延伸、语义的转变、线性序列上的紧邻和双音节的韵律特点等因素促使"至于"等动介结构虚化为双音节介词。

# 5.4　西方语言中的介词连用形式

## 5.4.1　英语和西班牙语中的介词连用

在英语和西班牙语等西方语言中，存在两个介词紧邻并立、共同介引名词性短语的情况。这种现象被称为"介词连用"，比如英语中存在路径类介词和方所介词连用的情况：

（61）a. from under the desk　　　从桌子下面

　　　b. from behind the door　　　从门后面

　　　c. from within the house　　　从房子里面

　　　d. from between the trees　　从树中间

　　　e. from inside the company　从公司内部

例（61）中的介词形式表现为"from＋方所介词"。除此之外，英语中还存在 from above、from among、from beneath、from before、in between、until past、until after 等介词连用形式，表达时空概念。由于该类介词结构在形式上表现为两个介词的紧邻并立，有的学者将其称为重叠介词（倪培良 1994）。

根据 Gómez－Ortín（2005）、de Bosque（1997）、de Bruyne（1999）等学者的研究，西班牙语中也存在这种介词连用现象，请看例（62）：

（62）a. a por comida

　　　to for food

　　　'get food'

　　b. por　entre los álamos

　　　though between the poplars

　　　'through between the poplars'

　　c. de　sobre　la mesa

　　　from on top of the table

　　　'from on top of the table'

　　例（62）中的 a por、por entre 和 de sobre 均为介词连用，在形式上表现为两个介词的紧邻并立。虽然英语和西班牙语中的介词连用表现为两个介词的紧邻并立，其与汉语中双音节介词叠加之间存在着明显的差异。在结构方面，英语和西班牙语中的介词连用结构固化，不允许两个介词交换位置，比如英语中不存在 ∗ under from、∗ behind from、∗ within from、∗ between from 等介词连用形式，西班牙语的情况与之相同。此外，在英语和西班牙语的介词连用形式中，两个介词的语义差异较大，语义兼容性较弱。比如在英语介词连用 from behind 中，from 表示动作的起始点，behind 表示静态方所，语义差别较大。在 until past 中，until表示"直到"，past 表示"时间上的超过"，二者语义不同。在西班牙语介词连用 por entre 中，por 表示"穿过"，entre 表示静态方所，语义差别较大。在 de sobre 中，de 表示动作的起始点，sobre表示静态方所，语义差异较大。而汉语双音节介词叠加中的两个单音节介词意义相近，语义兼容性较强。因此，英语和西班牙语

中的介词连用不同于汉语中的介词叠加，具有不同的结构形式和
生成机制。

### 5.4.2　结构形式及生成机制

Jackendoff（1983）和 Svenonius（2006，2010）等学者对英
语介词连用的结构形式进行了描写，涉及表达空间概念的 from
behind、from under、from within 等介词连用形式。在他们的研究
框架下，表示来源意义的 from 被分析为动态性的路径投射 PathP，
方所介词 behind、under、within 等被分析为静态意义的方所投射
PlaceP，二者之间是支配与被支配的关系。诸如 from behind the
door 等形式被分解为以下结构：

**图 5-5　"from behind the door"结构模式**

图 5-5 为英语中表达空间概念的介词连用提供了清晰的结构
描写。但英语中同时存在 until past、until after 等表达时间概念的
介词连用，而且在表达空间概念的介词连用 in between 中，in 和
between 均表达静态的方所概念，因而不能用 PathP-PlaceP 型结
构模式进行描写。因此，图 5-5 中的结构模式特设性太强，只能
为英语中特定类型的介词连用提供描写。此外，de Bosque
（1997）、de Bruyne（1999）、Gómez-Ortín（2005）等对西班牙语
介词连用的研究仍然停留在现象描写阶段，尚未涉及该类介词类
型的内部结构。尽管 Yamada（2015）认为 a por 中的 a 和 por 意
义相近，否认二者之间的选择与被选择关系，但并未对其结构形

式展开进一步的研究。

就结构形式而言，英语和西班牙语中的介词连用不允许内部语序调换，且两个介词中间不能插入任何成分，说明其结构中的两个介词之间不具备并列关系。从语义上看，英语和西班牙语中的两个介词语义差别较大，介词连用与单个介词在语义方面也存在明显差异，以英语为例：

（63）　a. from behind the door

　　　　b. from the door

　　　　c. behind the door

　　　　d. from behind the door ≠ from the door ≠ behind the door

可以看出，尽管英语中的介词连用和单个介词均可以介引名词短语，二者之间的语义差异较大：from behind the door 表示"从门后"，而 from the door 表示"从门上，从门口"，behind the door 表示"在门后"。而汉语介词叠加与单音节介词之间的语义差异并不明显：

（64）　a. 自从小时候

　　　　b. 自小时候

　　　　c. 从小时候

　　　　d. 自从小时候＝自小时候＝从小时候

（65）　a. 按照规章制度

　　　　b. 按规章制度

　　　　c. 照规章制度

　　　　d. 按照规章制度＝按规章制度＝照规章制度

　　此外，尽管 Yamada（2015）否认 a por 中两个介词之间的选择与被选择关系，其同时将西班牙语介词连用分析为"连介结构"，并认为介词连用与连动结构之间存在诸多相似之处，而连动结构中的两个动词短语所在的投射之间往往被分析为中心语-补语结构，比如：

　　（66）Only Churchill remembers［giving the speech］．

　　　　　　　　　　　　　　　　　　　　　　（Landau 2013：7）

　　在例（66）中的两个连续动词中，remember 投射为动词短语，giving 投射为非时态小句，前者在结构上支配后者。联系到英语和西班牙语介词连用中的语序特点，我们认为，在英语和西班牙语介词连用形式中，两个介词各自投射为介词短语 PP，前者在结构上支配后者，二者共同介引名词短语，并向其指派语义角色，如图 5-6 所示：

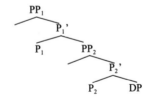

**图 5-6　英语和西班牙语介词连用结构**

　　该类介词结构的生成机制较为简单，介词 $P_1$、$P_2$ 和名词短语 DP 形成词汇序列并依次进入工作空间进行句法运算：中心语 $P_2$

先与名词短语 DP 外部合并生成 $PP_2$，随后中心语 $P_1$ 选择 $PP_2$，经外部合并生成 $PP_1$，从而在线性序列上表现为介词连用 $P_1$-$P_2$。由于英语和西班牙语中的介词连用形式与单个介词的差异主要体现在语义方面，该类介词结构的形成主要来源于表义方面的需求。

　　本章针对与汉语介词叠加相关的语言现象进行描写，并为其结构成因提供解释。5.1 节针对汉语中低接受度的介词叠加形式展开研究。本节指出，汉语中的三音节介词叠加、四音节介词叠加和六音节介词叠加属于低接受度的介词叠加形式。这类介词形式的生成过程涉及多次心理浮现和平行合并操作，结构庞杂，运算烦琐，因此不能为汉语母语人所接受。结构协调、语用强调、语义强化和韵律平衡等因素会导致该类介词形式的偶然出现。5.2 节对跨越结构层级的介词紧邻共现展开研究。本节指出，跨越结构层级的介词紧邻共现涉及不同的句法结构，介词的紧邻共现为表层现象。因此，该类结构具有较高的接受度。5.3 节指出，"至于""对于""由于""在于""自于"等双音节介词来源于汉语史上的动介结构，其介词用法是语法化的结果。句法功能的延伸、语义的转变、线性序列上的紧邻和双音节的韵律特点等是促使这类动介结构虚化为双音节介词的主要因素。5.4 节主要探讨英语和西班牙语中的介词连用。本节指出，该类介词形式的结构固化，不允许语序改变，其中的两个介词的语义兼容性较弱，因此不同于汉语双音节介词叠加。此外，本节将该类介词类型分析为 $PP_1$-$PP_2$ 型结构模式，并对其生成机制和形成原因进行了简要说明。

# 结　语

**1. 研究回顾及创新之处**

本书在生成语法的理论框架下探索汉语介词叠加的结构形式和生成机制，研究内容主要涉及三个方面：第一，探索自然语言的语法模型及运算机制，构建了以合并为手段，语义、韵律和语用信息参与句法运算的理论模型；第二，确定了汉语介词叠加的句法地位，将其分析为隐性并列结构，并深入分析了汉语介词叠加的结构形式、生成机制和生成动因；第三，围绕与汉语介词叠加相关的语言现象进行研究，包括低接受度的介词叠加、跨越结构层级的介词紧邻共现、由动介结构凝固而成的双音节介词、西方语言中的介词连用等结构，诠释了这些结构的句法本质、生成机制及形成动因。

本书的绪论部分将汉语介词叠加作为本书的研究对象，简要介绍了汉语介词叠加的特点，梳理了国内外关于介词叠加的研究现状，指出汉语介词叠加研究方面的不足之处，并阐述了本书的研究方法、研究意义、研究目标和各章要义。

本书的第 1 章围绕自然语言的语法模型及运算机制进行讨论，对最简方案中主流的语法模型进行了修正。与最简方案强调句法运算的纯粹性做法不同，本书认为，自然语言的句法运算受到语音、语义和韵律等因素的影响。也就是说，语音、语义和韵律等特征参与句法运算，影响语言结构的构建与生成。在句法运算方面，合并是生成句法结构的唯一手段。合并的类型有三种：外部合并、内部合并和平行合并。外部合并生成新的句法结构，内部合并涉及句法实体的移位，而平行合并则导致多重支配结构的形成。本书明确了多重支配结构的句法地位，认为多重支配结构是自然语言中固有的结构类型，并讨论了多重支配结构的生成过程及线性化机制。我们探讨了"句法位置"这一概念，明确了句法位置的表示方式，并将其作为句法运算的限制条件。本章指出，一次合并运算不能涉及两个以上的句法位置，即"合并的二元限制条件"。"句法位置"的表示方式能够对句法结构进行更为精确的描写，"合并的二元限制条件"则对 ATB 和 RNR 结构推导过程中的平行限制条件提供了更深层次的理论解释。

本书的第 2 章至第 4 章探索汉语介词叠加的句法地位、结构形式、生成机制和形成动因。第 2 章对汉语介词叠加进行了界定，指出汉语介词叠加是两个单音节同义或近义介词的紧邻并立。随后，我们构建了汉语介词叠加系统，将汉语介词叠加分为方所类、时间类和非时空类三种类型，并将距离象似性、语义融合度和语义透明度等视为影响汉语介词叠加形成的主要因素。本章依次探索了各类介词叠加中单音节介词与介词叠加形成的时序关系，证明了介词叠加的出现时间不早于单音节介词形成的时间。第 3 章首先依次探讨三类介词叠加的句法和语义特征，指出除了不能与动词发生并入现象之外，介词叠加对其后宾语的音节数量有要求。在内部结构方面，大部分介词叠加允许内部成分的语序变化，证明了介词叠加属于并列结构。在语义方面，介词叠加更为强化，表现为两个单音节介词的语义叠加，在表义方面更加精准全面。本章认为汉语介词叠加属于并列结构，指出了其多重支配的句法地位，并通过隐性 CoP 投射对汉语介词叠加的句法结构进行了表征，将两个并列单音节介词分别置于隐性 CoP 投射的标识语和补语位置。第 4 章首先讨论了语言思维的心智运算方式，指出词汇项目的心理浮现为句法运算提供了必要的词汇基础，而句法运算中同义词汇项目的竞相浮现及其平行合并操作则导致多重支配结构的生成。本章在词汇项目的心理浮现和平行合并的模式下探索了汉语介词叠加的生成过程，并从结构协调、语用强调、语义强化和韵律平衡等方面详细讨论了汉语介词叠加形成的内在动因。

本书的第 5 章研究了与介词叠加相关的结构类型，涉及汉语中低接受度的介词叠加形式、跨越结构层级的介词紧邻共现、由动介组合凝固而成的双音节介词和西方语言中的介词连用现象。本章探索了低接受度介词叠加的生成机制，并对其结构成因进行了解释。由于跨越结构层级的介词紧邻共现中的介词分属于不同的结构层级，该类介词形式具有较高的接受程度。现代汉语中的"至于""对于""由于""在于""自于"等形式来源于汉语史上的动介组合，在句法、语义、线性顺序和双音节韵律等因素的作用下逐渐发虚化为双音节介词。西方语言中的介词连用在句法和语义特征方面与汉语介词叠加之间存在着较大差异，本章使用 $PP_1$-$PP_2$ 型介词套嵌模式对其进行结构表征，并指出该类介词形式的形成是出于表义方面的需求。

本书的创新之处体现在理论构建、分析方式和现象描写三个方面。和主流生成学派框架中的纯粹性句法运算不同，本书认为，语义、语用和韵律等信息均能参与句法运算并影响运算结果，并基于这种理念构建了自然语言的语法模型。合并是句法运算的唯一手段，主要分为外部合并、内部合并和平行合并三种类型。在这种理论模型下，汉语介词叠加的形成表现为两个语义相同或相近的单音节介词的紧邻并立。结构协调、语义强化、语用强调和韵律平衡是汉语介词叠加形成的内在动因。本书将汉语介词叠加视为一种句法现象，将其分析为隐性并列结构 CoP，并认为两个单音节介词分别位于该隐性并列结构的标识语和补语位置。词汇项目的心理浮现、平行合并和隐性并列结构 CoP 的搭建是汉语介词叠加的生成关键手段。三音节介词叠加违背了句法运算的经济性原则，一般不为汉语母语者所接受。本书对汉语介词叠加相关的语言现象以及实际语料中低接受度的介词叠加形式的结构定性、生成机制、形成原因和低接受度原因进行了阐释。此外，本书区分了跨越结构层级的介词紧邻共现、由动介组合凝固而成的双音节介词、介词连用等与介词叠加形式类似的语言结构，探索了这些结构的句法本质、接受程度、生成机制和形成动因，进一步厘清了汉语介词叠加与相关结构类型之间的区别与联系。

## 2. 不足之处及未来展望

本书在生成语法的理论框架下探索汉语介词叠加的生成机制和形成动因，并对与汉语介词叠加相关的语言现象进行了诠释，兼顾共时和历时视角，力求达到语言研究上的描写充分性和解释充分性。但就整体研究而言，本书仍然存在诸多不臻周延之处，需要在今后的研究中进一步修正和完善。

在语言描写方面，虽然本书尝试构建了汉语介词叠加体系，并试图对汉语中的介词叠加形式进行穷尽式的描写与分析，但由于时间和精力有限，对于语言事实的描写和归纳，难免挂一漏万。这一点同样体现在相关书证的枚举与分析过程中。因此，本书所构建的汉语介词叠加系统有待充实和完善。此外，本书对与汉语介词叠加相关的语言现象的讨论尚不够深入，相关语料需要进一步充实。

在理论构建方面，本书构建了语音语义信息参与句法运算的语法模型，尚需深入挖掘句法、语义和韵律之间的关系，进一步优化理论构件，提升理论模型的解释力。此外，关于西方语言中的介词连用现象仅以英语和西班牙语为例进行说明，相关语料较为欠缺，语言类型的多样化需要进一步提升。这些不足之处在一定程度上削弱了本书的解释力。

在今后的研究中，我们需要努力从以下几个方面进行提升。第一，进一步充实和完善汉语介词叠加体系，加强对语言事实的观察与描写，发现新的介词叠加形式，预测将来可能出现的介词叠加形式，并将其纳入汉语介词叠加系统。第二，加强对与汉语介词叠加相关的结构类型的描写与解释，比如历史上曾经的动介组合、跨越结构层级的介词紧邻、低接受度的介词叠加形式等，充实相关语言材料，加强语言结构分析，揭示其历时变化过程，进一步明确该类结构与汉语介词叠加的区别与联系。第三，提高语料的多样性，加强跨语言对比，深入探索汉语介词叠加与西方介词连用的异同，确立汉语介词叠加的类型学地位。

# 附录　本书常用术语英汉对照表

| | |
|---|---|
| across-the-board wh-questions, ATB | 并列疑问结构 |
| binarity | 二元性 |
| Binarity Condition on Merge, BiCoM | 合并运算的二元限制条件 |
| complex thought | 复杂思维 |
| conceptual-intentional system, C-I | 概念-意向系统 |
| Coordination Projection, CoP | 并列投射 |
| D-linked constituent | 语篇联系成分 |
| determiner sharing | 限定词共享 |
| dominance relation | 支配关系 |
| double preposition | 重叠介词 |
| Economy Principle | 经济原则 |
| external merge | 外部合并 |
| free relatives | 自由关系分句 |
| goal | 目标 |
| incorporation | 并入 |
| internal merge | 内部合并 |
| invade | 侵入 |
| lexical entry | 词汇项目 |
| lexical array | 词汇序列 |
| Linear Correspondence Axiom, LCA | 线性对应定理 |
| mental emergence | 心理浮现 |
| mental lexicon | 心智词库 |
| merge | 合并 |

续表

| metrical boundary | 韵律界限 |
| --- | --- |
| Minimal Yield | 最小生成 |
| movement | 移位 |
| narrow syntax，NS | 狭式句法 |
| No Tangling Condition | 无缠绕条件 |
| pair-list reading | 对列式语义解读 |
| Parallelism Condition | 平行条件 |
| parallel merge | 平行合并 |
| parasitic gap | 寄生空位 |
| phonological phrase | 韵律短语 |
| phase | 语段 |
| post-syntactic | 后句法的 |
| Preposition Superposition | 介词叠加 |
| prepositional sequence | 介词序列 |
| probe | 探针 |
| Right Node Raising，RNR | 右向节点提升 |
| search path | 搜寻路径 |
| sensorimotor system，SM | 感觉运动系统 |
| sequence of stages | 阶段性序列 |
| serial verb construction | 连动结构 |
| serial prepositional construction | 连介结构 |
| Single Mother Condition | 单一母亲节点条件 |
| specifier | 标识语 |
| spell-out | 拼出 |
| stage | 阶段 |
| structural syncretism | 结构类并 |
| syntactic position | 句法位置 |
| trace | 语迹 |
| θ-criterion | 题元准则 |
| transfer | 移交 |
| workspace | 工作空间 |

# 参考文献

陈昌来，2002，《介词与介引功能》，安徽教育出版社。

陈宏，2008a，《现代汉语同义并列复合词词性、词序分析》，《南开语言学刊》第 1 期。

陈宏，2008b，《现代汉语同义并列复合词语义语用分析》，《天津大学学报》（社会科学版）第 4 期。

崔云忠，何洪峰，2022，《汉语时间介词双音化的动因》，《新疆大学学报》（哲学·人文社会科学版）第 2 期。

董秀芳，2006，《古汉语中动名之间"于/於"的功能再认识》，《古汉语研究》第 2 期。

董秀芳，2011，《词汇化：汉语双音词的衍生和发展（修订本）》，商务印书馆。

杜广慧，2019，《汉语双音介词"自于"的多角度研究》，《河北科技师范学院学报》（社会科学版）第 1 期。

范晓，1998，《动介组合体的配价问题》，载袁毓林、郭锐主编《现代汉语配价语法研究》第 2 辑，北京大学出版社。

冯胜利，1997，《汉语的韵律、词法与句法》，北京大学出版社。

冯胜利，2000，《汉语韵律句法学》，上海教育出版社。

冯胜利，2005，《汉语韵律语法研究》，北京大学出版社。

冯胜利，2013，《汉语韵律句法学（增订本）》，商务印书馆。

傅雨贤等，1992，《现代汉语介词研究》，中山大学出版社。

郜峰，2014，《现代汉语路径义空间介词研究》，博士学位论文，
　　安徽大学。

顾洁，2016，《介词"根据"、"依据"、"按照"、"依照"探源》，
　　《楚雄师范学院学报》第 10 期。

韩丽国，2018，《现代汉语双音介词的词汇化与语法化研究》，
　　《集宁师范学院学报》第 4 期。

韩书庚，2018，《汉语并列双音词的多维考察》，《唐山师范学院
　　学报》第 4 期。

何洪峰，2013，《近代汉语依凭介词的发展》，《华中国学》第
　　1 期。

胡敕瑞，2002，《〈论衡〉与东汉佛典词语比较研究》，巴蜀书社。

胡裕树，1981，《现代汉语（修订本）》，上海教育出版社。

蒋同林，1982，《试论动介复合词》，《安徽师大学报》（哲学社会
　　科学版）第 1 期。

金昌吉，1996，《汉语介词和介词短语》，南开大学出版社。

金铉哲，刘耘，2018，《并列式叠加介词的语义形成机制考察》，
　　载《中国语文学论集》，首尔：中国语文学研究会。

孔畅，2019a，《现代汉语依据类复合式双音介词对比研究》，《青
　　年文学家》第 3 期。

孔畅，2019b，《现代汉语依据类复合式双音介词的形成与比较》，
　　硕士学位论文，渤海大学。

李德鹏，2011，《现代汉语双音节介词成词研究》，光明日报出

版社。

李金晏，2013，《现代汉语介词"沿（着）"和"顺（着）"比较研究》，硕士学位论文，东北师范大学。

李茜茜，李爱红，2019，《"较"的语法化》，《湖州师范学院学报》第 1 期。

林华东，蒋艳，2005，《介词虚化与"V＋介＋Np"的述宾化趋势》，《汉语学习》第 1 期。

刘丹青，2001，《语法化中的更新、强化与叠加》，《语言研究》第 2 期。

刘红妮，2009，《汉语非句法结构的词汇化》，博士学位论文，上海师范大学。

刘红妮，2010，《"终于"的词汇化——兼谈"X 于"词汇化中的介词并入》，《阜阳师范学院学报》（社会科学版）第 2 期。

刘坚，曹广顺，吴福祥，1995，《论诱发汉语词汇语法化的若干因素》，《中国语文》第 3 期。

刘耘，2018，《汉语并列式叠加介词的内部语序小考》，《中国语文论丛》第 2 期。

马贝加，2002，《近代汉语介词》，中华书局。

倪培良，1994，《英语中的重叠介词》，《科技英语学习》第 8 期。

齐沪扬，1998，《现代汉语空间问题研究》，学林出版社。

钱玄，1982，《论古汉语虚词双音化》，《南京师大学报》（社会科学版）第 1 期。

饶琪，2016，《汉语演化视野下的"于"与"X_单于"研究》，博士学位论文，华中师范大学。

单宝顺，2011，《"比较"是介词吗?》，《语文教学通讯·D 刊》

（学术刊）第 4 期。

石毓智，1995，《时间的一维性对介词衍生的影响》，《中国语文》
　　第 1 期。

帅志嵩，2005，《从语义融合看汉语并列式复音词的产生和演
　　变》，《现代中国语研究》第 7 期。

宋玉柱，1981，《现代汉语语法论集》，天津人民出版社。

孙文统，2022，《形式句法理论的最新发展及应用》，吉林大学出
　　版社。

王艾录，1982，《"动词+在+方位结构"刍议》，《语文研究》第
　　2 期。

王姝，王光全，2014，《论叠加结构》，《汉语学习》第 4 期。

王用源，叶倩倩，2017，《汉语单双音节对应介词的音节伸缩问
　　题》，《天津大学学报》（社会科学版）第 5 期。

王月婷，2021，《也谈上古汉语动名之间介词"于/於"的使用》，
　　《语言研究》第 2 期。

吴福祥，2005，《汉语语法化演变的几个类型学特征》，《中国语
　　文》第 6 期。

吴守华，2002，《汉语"V+P+N"结构研究评析》，《学术研究》
　　第 10 期。

肖伟良，1982，《谈"于"字结构作补语的问题》，《吉林大学社
　　会科学学报》第 2 期。

向熹，1993，《简明汉语史（下）》，高等教育出版社。

杨伯峻，何乐士，1992，《古汉语语法及其发展》，语文出版社。

张宝，2015，《汉语"V 诸于 X"形式探究》，《现代语文》（语言
　　研究版）第 3 期。

张宝，2016，《介词叠加的历时考察》，《现代语文》（语言研究版）第 1 期。

张成进，2013，《现代汉语双音介词的构词法与造词法》，《淮北师范大学学报》（哲学社会科学版）第 6 期。

张成进，2015，《介词"对于"的词汇化——兼谈"对于"与"对"介引功能的历时分合》，《语言研究集刊》第 1 期。

张成进，2016，《介词"依据"的词汇化和语法化》，《安徽理工大学学报》（社会科学版）第 6 期。

张成进，王萍，2014，《"至于"的词汇化、语法化及认知、韵律解释》，《对外汉语研究》第 1 期。

张纯鉴，1980，《关于"介词结构作补语"的几个问题》，《西北师大学报》（社会科学版）第 3 期。

张海涛，2014，《现代汉语"V+P"结构研究》，博士学位论文，中国人民大学。

张旺熹，2004，《汉语介词衍生的语义机制》，《汉语学习》第 1 期。

张薇薇，2013，《敦煌本〈搜神记〉介词浅析》，《赤峰学院学报》（汉文哲学社会科学版）第 5 期。

张谊生，2012，《试论叠加、强化的方式、类型与后果》，《中国语文》第 2 期。

张谊生，2013，《介词叠加的方式与类别、作用与后果》，《语文研究》第 1 期。

张谊生，2016，《介词的演变、转化及其句式》，商务印书馆。

张谊生，2019，《汉语介词及介词短语再演化的模式、动因与功用》，《语言教学与研究》第 5 期。

张政，2014，《"等到"义双音介词的历时演变与更替研究》，硕士学位论文，湘潭大学。

赵克诚，1987，《近代汉语语法》，陕西师范大学出版社。

周广干，2013，《"至于"的词汇化和标记化》，《云南师范大学学报》（对外汉语教学与研究版）第 1 期。

Adger, D., 2017, A Memory Architecture of Merge, Ms., Queen Mary University of London. http://lingbuzz/003440.

Blevins, James P., 1990, "Syntactic complexity: Evidence for continuity and multidomination", Ph. D. dissertation, University of Massachusetts, Amherst.

Bobaljik, Jonathan D., 1995, "In terms of merge: Copy and head–movement", In *Papers on Minimalist syntax*, ed. by Rob Pensalfini and Hiroyuki Ura. MIT Working Papers in Linguistics 27. Cambridge, MA: MIT, MIT Working Papers in Linguistics.

Beockx, C., 2007, "Eliminating Spell-Out", *Linguistic Analysis* (33).

Chomsky, N., 1981, *Lectures on Government and Binding*, Dordrecht: Foris.

Chomsky, N., 1995, *The Minimalist Program*, Cambridge, MA: MIT Press.

Chomsky, N., 2000, *The Architecture of Language*, New Delhi: Oxford University Press.

Chomsky, N., 2007, "Approaching UG from Below", In *Interface + Recursion = Language?*, ed. by Uli Sauerland and Hans-Martin Gärtner. Berlin: Mouton de Gruyter.

Chomsky, N., 2008, "On Phase", In *Foundational Issues in Lin-*

*guistic Theory*, ed. by Robert Freidin, Carlos P. Otero, and Maria Luisa Zubizarreta. Cambridge, MA: MIT Press.

Chomsky, N., 2019, "Some Puzzling Foundational Issues: The Reading Program", *Catalan Journal of Linguistics* (*Special Issue*).

Chomsky, N. 2021. "Minimalism: Where are we now, and where can we hope to go", *Gengo Kenkyu* (160).

Chomsky, N. et al. 2023. *Merge and the Strong Minimalist Thesis*, Cambridge: Cambridge University Press.

Citko, B., 2000, Parallel Merge and the Syntax of Free Relatives, Ph. D. Dissertation, Stony Brook University.

Citko, B., 2005, "On the nature of merge: external merge, internal merge and parallel merge", *Linguistic Inquiry* (36).

Citko, B., 2006, "Determiner Sharing from a Crosslinguistic Perspective", *Linguistic Variation Yearbook*.

Citko, B., 2011a, "Multidominance", *In The Oxford Handbook of Linguistic Minimalism*, ed. by Cedric Boeckx. Oxford: Oxford University Press.

Citko, B., 2011b, *Symmetry in Syntax: Merge, Move and Labels*, Cambridge: Cambridge University Press.

Citko, B. and M. Graǧanin-Yuksek, 2020, *Merge: Binarity in* (*Multidominant*) *Syntax*, Cambridge, MA: MIT Press.

Collins, C., 2002, "Eliminating labels", In *Derivation and Explanation in the Minimalist Program*, ed. By Samuel David Epstein and T. Daniel Seely. Malden, MA: Blackwell.

Collins, C. and E. Stabler, 2016, "A formalization of Minimalist Syntax", *Syntax* (19).

Cook, Vivian J. and N. Mark, 2007, *Chomsky's Universal Grammar: An Introduction*, New Jersey: Wiley-Blackwell.

de Bosque, I. , 1997, Preposición tras preposición. Contribuciones al estudio de la lingüística hispánica, homenaje al profesor Ramón Trujillo, 133-155. Tenerife: Editorial Montesinos.

de Bruyne, J. 1999, *Las Preposiciones. Gramática Descriptiva de la Lengua Española*, Madrid: Espasa Calpe.

Dobashi, Y. , 2003, Phonological Phrasing and Syntactic Derivation, Ph. D. Dissertation, Cornell University.

Dobashi, Y. , 2013, "Autonomy of Prosody and Prosodic Domain Formation: A Derivational Approach", *Linguistic Analysis* (38).

Dobashi, Y. , 2019, *Externalization: Phonological Interpretations of Syntactic Objects*, London and New York: Routledge.

Feng Shengli, 2019a, *Prosodic Syntax in Chinese: Theory and Facts*, London and New York: Routledge.

Feng Shengli, 2019b, *Prosodic Syntax in Chinese: History and Changes*, London and New York: Routledge.

Gärtner, Hans-Martin, 2002, *Generalized Transformations and beyond: Reflections on Minimalist Syntax*, Berlin: Akademie Verlag.

Gómez-Ortín, F. , 2005, "Reivindicación del giro a por", *Tonos Digital, Revista electrónica de estudios filológicos* (10).

Goodall, G. , 1987, *Parallel Structures in Syntax: Coordination, Causatives, and Restructuring*, Cambridge: Cambridge University Press.

Gračanin-Yuksek, M. , 2007, About Sharing, Ph. D. Dissertation, MIT.

Gračanin-Yuksek, M. , 2013, "Linearizing Multidominance Structures", In *Challenges to Linearization*, ed. by Theresa Biberauer and Ian Roberts. Berlin: Mouton de Gruyter.

Guerzoni, E. , 2000, Stress and Morphology in the Italian Verb System, Ms. , MIT.

Higginbotham, J. , 1985, "A note on phase markers", In *Papers in theoretical and applied linguistics*, ed. by Diana Archangeli, Andrew Barss, and Richard Sproat. MIT Working Papers in Linguistics 6. Cambridge, MA: MIT, MIT Working Papers in Linguistics, 1985.

Hiraiwa, K. and A. Bodomo, 2008, "Object Sharing as Symmetric Sharing: Predicate Clefting and Serial Verbs in Dagaare", *Natural Language and Linguistic Theory* (26).

Hu Jianhua, 2019, *Prominence and Locality in Grammar: The Syntax and Semantics of Wh-questions and Reflexives*, London and New York: Routledge.

Jackendoff, R. , 1983, *Semantics and Cognition*, Cambridge, MA: MIT Press.

Jayaseelan. K. A. , 2017, "Parallel Work Spaces in Syntax and the Inexistence of Internal Merge", In *Perspectives on the Architecture and Acquisition of Syntax: Essays in Honor of R. Amritavalli*, ed. by Gautam Sengupta, Shruti Sircar, Madhavi Gayathri Raman, and Rahul Balusu. Singapore: Springer Nature.

Johnson, K. , 2012, "Towards deriving differences in how wh movement and QR are pronounced", *Lingua* (122).

Johnson, K. , 2018, Movement as Multidominance. Handouts of lectures given at the 2<sup>nd</sup> Crete Summer School of Linguistics, University of Crete, Rethymno, July.

Kasai, H. , 2004, "Two Notes on ATB Movement", *Language and Linguistics* (5).

Kasai, H. , 2008, A Multiple Dominance Approach to Parasitic Gaps, Presentation at Ways of Structure Building Conference, University of the Basque Country, November.

Kayne, R. S. , 1994, *The Antisymmetry of Syntax*, Cambridge, MA: The MIT Press.

Kuno, S. and Robinson, J. J. , 1972, "Multiple wh questions", *Linguistic Inquiry* (4).

Landau, I. , 2013, *Control in Generative Grammar*, Cambridge: Cambridge University Press.

Larson, B. , 2016, "The Representation of Syntactic Action at a Distance: Multidominance versus the Copy Theory", *Glossa* (1).

McCawley, James D. , 1982, "Parentheticals and Discontinuous Constituent Structure", *Linguistic Inquiry* (13).

Moltmann, F. , 1992, Coordination and Comparatives, Ph. D. Dissertation, MIT.

Muadz, H. , 1991, Coordinate Structures: A Planar Representation, Ph. D. Dissertation, University of Arizona.

Narita, H. and N. Fukui, 2022, *Symmetrizing Syntax: Merge, Minimality and Equilibria*, London and New York: Routledge.

Nunes, J. 2004, *Linearization of Chains and Sideward Movement*, Cambridge, MA: The MIT Press.

Nunes, J. and J. Uriagereka, 2000, "Cyclicity and extraction domains", *Syntax* (3).

Oltra-Massuet, I., 1999, "On the Constituent Structure of Catalan Verbs", In *Papers in Morphology and Syntax, Cycle One*, ed. by Karlos Arregi, Benjamin Bruening, Cornelia Krause, and Vivian Lin. Cambridge, MA: MIT, MIT Working Papers in Linguistics.

Oltra-Massuet, I., 2000, On the Notion of Theme Vowel: A New Approach to Catalan Verbal Morphology, MIT Occasional Papers in Linguistics 19, Cambridge, MA: MIT, MIT Working Papers in Linguistics.

Oltra-Massuet, I. and Arregi, K., 2005, "Stress-by-structure in Spanish", *Linguistic Inquiry* (36).

Real Academia Española, 2009, *Nueva Gramática de la Lengua Española*, Madrid: Espasa Calpe.

Richards, N. 2010, *Uttering Trees*, Cambridge MA: MIT Press.

Richards, N., 2016, *Contiguity Theory*, Cambridge, MA: The MIT Press.

Riemsdijk, Henk C. van, 2000, "Free Relatives inside out: Transparent Free Relatives as Grafts", In *Proceedings of the 1999 PASE Conference*, ed. by B. Rozwadowska. Wroçsaw: University Of Wroçsaw.

Riemsdijk, Henk C. van., 2006, "Free Relatives", In *The Blackwell Companion to Syntax*, vol. 2, ed. by M. Everaert and H. van

Riemsdijk. Oxford: Blackwell.

Sampson, G. , 1975, "The single mother condition", *Journal of Linguistics* (11).

Starke, M. , 2001, Move Dissolves into Merge: A theory of locality, Ph. D. dissertation, University of Geneva.

Stroik, T. , 2009, *Locality in Minimalist Syntax*, Cambridge, MA: MIT Press.

Svenonius, P. , 2006, "The emergence of axial parts", In Nordlyd, Tromsø Working Papers in Language & Linguistics: 33.1, Special Issue on Adpositions, ed. by Peter Svenonius and Marina Pantcheva University of Tromsø. Available http://www. ub. uit. no/baser/septentrio/index. php/nordlyd/.

Svenonius, P. , 2010, "Spatial Prepositions in English", In *Mapping Spatial PPs*, *The Cartography of Syntactic Structures*, *Volume* 6, ed. by Guglielmo Cinque and Luigi Rizzi. Oxford: Oxford University Press.

Vries, Mark de. , 2009, "On Multidominance and Linearization", *Biolinguistics* (3).

Vries, Mark de. , 2013a, "Multidominance and locality", *Lingua* (134).

Vries, Mark de. , 2013b, "Unconventional Mergers", In *Ways of Structure Building*, ed. by Vidal Valmala and Myriam Uribe - Etexbarria. Oxford: Oxford University Press.

Wall. Robert E. , 1972, *Introduction to Mathematical Linguistics*, Englewood Cliffs, NJ: Prentice-Hall.

Wilder, C., 1999, "Right Node Raising and the LCA", In *WCCFL* 18: *Proceedings of the* 18*th West Coast Conference on Formal Linguistics*, ed. by Sonya Bird, Andrew Carnie, Jason D. Haugen, and Peter Norquest. Somerville, MA: Cascadilla Press.

Wilder, C., 2008, "Shared Constituents and Linearization", In *Topics in Ellipsis*, ed. by Kyle Johnson. New York: Cambridge University Press.

Williams, E., 1978, "Across – the – board rule application", *Linguistic Inquiry* (9).

Yamada, A., 2015, A Por as a Serial Preposition in Spanish. Proceedings of LSUGA's Second Interdisciplinary Conference in Linguistics, University of California, Davis.

Zhang, Nina Ning, 2006, "On the configuration issue of coordination", *Language and Linguistics* (1).

Zhang, Nina Ning. 2009, *Coordination in Syntax*, Cambridge: Cambridge University Press.

Zwart, J., 2009, "Prospects for top – down derivation", *Catalan Journal of Linguistics* (8).

Zwicky Arnold M., 1985, "The case against vanilla syntax", *Studies in the Linguistic Sciences* (15).

# 后　记

　　汉语介词叠加是一种较为特殊的语言现象，这种介词形式和西方语言中的介词连用之间存在着本质的差异。学界倾向于将该类形式视为复合词，较少通过句法视角对该类语言现象展开研究。关于汉语介词叠加的专题性研究较少，有的研究将汉语中的单音节介词并立统称为介词叠加，对汉语介词叠加的结构范畴亦缺乏明确的概念界定。此外，现有的研究以现象描写为主，尚未采用形式化的手段去揭示该类介词形式的内部结构、生成机制、形成动因和可接受度等问题。本书将汉语介词叠加视为一种句法过程，并通过心理浮现、平行合并、并列操作等句法手段揭示了该类介词结构的内部结构和生成机制，以期能够从新的视角为汉语语言现象提供解释，为汉语语法研究做出贡献。

　　恩师庄会彬教授高瞻远瞩，严谨治学，对学生关怀备至，时刻推动着我在学术探索之路上不断前行。学生当加倍努力，不负恩师之期望。本书在写作过程中参考了马贝加、何洪峰、饶琪、张宝、张成进等学者关于汉语介词历时演变的研究及语料，谨致谢忱。此外，本书的写作得到了河南大学出版社的资助，在此一并致谢。囿于作者本身的思维方式和学术水平，本书一定存在诸多谬误与疏漏，恳请广大专家学者批评指正。

孙文统

2025 年 6 月

**图书在版编目（CIP）数据**

汉语介词叠加的生成机制研究／孙文统著.--北京：
社会科学文献出版社，2025.7.--ISBN 978-7-5228
-5363-5

Ⅰ.H146.2

中国国家版本馆 CIP 数据核字第 2025MP9552 号

---

**汉语介词叠加的生成机制研究**

著　　者／孙文统

出 版 人／冀祥德
责任编辑／周志静
责任印制／岳　阳

出　　版／社会科学文献出版社·人文分社（010）59367215
　　　　　地址：北京市北三环中路甲 29 号院华龙大厦　邮编：100029
　　　　　网址：www.ssap.com.cn
发　　行／社会科学文献出版社（010）59367028
印　　装／三河市龙林印务有限公司

规　　格／开 本：787mm×1092mm　1/16
　　　　　印 张：13.5　字 数：157 千字
版　　次／2025 年 7 月第 1 版　2025 年 7 月第 1 次印刷
书　　号／ISBN 978-7-5228-5363-5
定　　价／98.00 元

---

读者服务电话：4008918866